成功无捷径

第 *56* 号教室的奇迹

There are no shortcuts

[美]雷夫·艾斯奎斯 著 李弘善 译

D1529577

光明日报出版社

图书在版编目（CIP）数据

成功无捷径 / (美) 艾斯奎斯著; 李弘善译 . -- 北京: 光明日报出版社, 2015.5 (2019.5 重印)

书名原文: There are no shortcuts

ISBN 978-7-5112-8280-4

Ⅰ.①成… Ⅱ.①艾…②李… Ⅲ.①中小学教育—研究 Ⅳ.① G63

中国版本图书馆 CIP 数据核字 (2015) 第 083210 号

版权登记号: 01-2014-8014

THERE ARE NO SHORTCUTS
by Rafe Esquith Copyright©2003 by Rafe Esquith
Published by arrangement with Taryn Fagerness Agency
through Bardon-Chinese Media Agency
Simplified Chinese translation copyright©2015
by Beijing Double Spiral Culture & Exchange Company Ltd.
ALL RIGHTS RESERVED

成功无捷径

CHENGGONG WU JIEJING

著　　者: 〔美〕雷夫·艾斯奎斯		译　　者: 李弘善	

策　　划: 双螺旋文化

责任编辑: 黄海龙　许　怡　　　　　责任校对: 傅泉泽

特约编辑: 唐　浒　申　海　赵　静　　责任印制: 曹　诤

装帧设计: 郭朝慧　　　　　　　　　　特约技术编辑: 张雅琴　黄鲁西

出版发行: 光明日报出版社

地　　址: 北京市西城区永安路 106 号, 100050

电　　话: 010-67078248 (咨询), 63131930 (邮购)
　　　　　010-63497501, 63370061 (团购)

传　　真: 010-67078227, 67078255

网　　址: http://book.gmw.cn

邮　　箱: gmcbs@gmw.cn

法律顾问: 北京德恒律师事务所龚柳方律师

印　　刷: 固安县云鼎印刷有限公司

装　　订: 固安县云鼎印刷有限公司

本书如有破损、缺页、装订错误, 请与本社联系调换

开　　本: 145mm×210mm

字　　数: 100 千字　　　　　　　印　　张: 7.25

版　　次: 2015 年 7 月第 1 版　　　印　　次: 2019 年 5 月第 7 次印刷

书　　号: ISBN 978-7-5112-8280-4

定　　价: 29.80 元

媒体热评

★雷夫与《第56号教室的奇迹》特别阅读（下）

雷夫：信任是一切教育的起点

"我对分数没有兴趣"

奇迹是如何诞生的？

把自己的人生融入课堂

《中国教师报》专题解读雷夫

雷夫的阅读观

《中国教育报》特别报道

教育家周刊

第77期

雷夫的中国化解读

读懂雷夫

怎一个"信任"了得

让学生与真实相遇

耐心的力量

第56号教室的奇迹

美国"最佳老师"雷夫北京开讲，国内中小学校长组团赴京"取经"

雷夫：老师价值得看学生10年后

《浙江教育报》雷夫报告会直击

《新闻晨报》专版介绍雷夫

浙江教育报
教师周刊

2013年6月21日 星期五

我教的是学生
——2013年全美最佳教师雷夫首场杭州报告会直击

神迹的背后是常识

让我们，爱得更专业

向雷夫学什么？

美国"神奇"小学老师雷夫在沪讲述"第56号教室"的秘密——

分数不是全部　不思考才是失败

第56号教室的奇迹

"雷夫来了。"正在中国巡演国新颖的美...文...

1 考试失效是件件好事

2 阅读造就发展阶级

可借鉴不可全盘照搬

《重庆日报》追踪报道
雷夫中国行

雷夫·艾斯奎斯
美国教育界传奇人物

努力成为中国的第56号教室
——美国教师雷夫谢家湾小学之行掠影

"六年影响一生"在中美教育间的共鸣

《新民晚报》聚焦雷夫

《教育世界》：
把旅行和莎士比亚介绍
给孩子们的五年级老师

POV：关于雷夫老师的电影

《华盛顿邮报》：全美最好的老师

《时代周刊》：
我们时代的英雄

NPR：
雷夫·艾斯奎斯
传授火一样的教学法

联合推荐

◎ 雷夫是天才与圣徒,更是教育体系应该起而效仿的对象。和这位老师一年的相处,改变了这些孩子的一生。

——《纽约时报》

◎ 他的学生已经达到了传统教育的顶点并取得了巨大成功,在数学、哲学和莎士比亚戏剧方面的优秀表现为他们赢得了名校的通行证。

——NPR(美国国家公共电台)

◎ 雷夫·艾斯奎斯是美国最有趣、最有影响力的教师……在洛杉矶霍伯特小学,第五十六号教室里的五年级学生所上的最重要的课程之一就是谦逊,艾斯奎斯相信"角色榜样"是教师们要做的最重要的事之一。如果每个教师都像艾斯奎斯那样既有技巧又精力充沛的话,我们就不再需要标准化测试了。他学生的阅读和数学成绩远在霍伯特平均分之上。

——《华盛顿邮报》

◎ 一本闪烁着自由思想、高水准的给人鼓舞的书。

——《科克斯评论》

◎ 艾斯奎斯宣扬努力付出的价值、诚实的自我反省,以及追寻自我道路的勇气;雷夫是当代的梭罗。

——《每日新闻》

◎ 艾斯奎斯是惟——位获得总统"国家艺术奖"的教师,同时他还获得诸多其他奖项,包括"全美最佳教师奖"以及欧普拉的"善待生命奖"等。艾斯奎斯的书是焦虑的同行和父母们的精神明灯。

——《西雅图邮报》

◎ 如果你能提炼出雷夫·艾斯奎斯老师的精华,把它装在瓶子里卖给渴望得到优秀教师的学区,你绝对会成为百万富翁。

——《达拉斯早报》

◎ 雷夫老师的出现意义深远,他让千千万万抱怨教育的老师看到了一种不可思议的可能性,即使我们无法像雷夫这样疯狂,至少我们知道,教育蕴含着无限可能。

——新教育实验教师专业阅读项目组

◎ 雷夫·艾斯奎斯和他的第五十六号教室,确实是无数父母向往的教师和教育圣地。这位令人敬佩的美国教师,用超凡的勤奋和卓越的教育才能,解答了他在教师职业发展过程中的探索与思考。虽然国情不同,文化背景各异,但我们仍能从书中发现中美教育面临的许多相似之处。了解这些相似之处,或许有助于我们更清醒地认识到,教师职业的确是一项非常特殊的职业,选择这项职业,意味着教师的众多放弃和倾其精力的奉献。当然,其所收获的成就感也是其他任何职业所无法达到的。

——《中国教育报·读书周刊》主编 郜云雁

雷夫老师写给读者的一封信

亲爱的朋友：

尽管我们分处各地，但我相信我们并不因此而有所不同——不管你是父母或老师，都会希望找出方法点拨孩子，期待他们享受荣耀又充实的人生。

三十多年来，我把大部分的时间奉献给一间斗室：一间位于美国加州洛杉矶市区的教室。这教室狭小又漏水，多数学生家境清寒。统计数字显示，霍伯特小学绝大部分的学生根本撑不到毕业，他们注定要和上一代一样，永远无法挣脱贫困的桎梏。

对我而言，这一直是个挑战。但请不要因为外界的评价，就对我另眼相看。我不过是个相当平凡的人。虽然我内心深处是关心学生的，还是免不了常常犯错。我尤其记得在初任教师的头几年所犯下的那许多错误。

但是我决不放弃。我们身为教师，最美好的体验就是力求进步、从错误中学习，分享教学现场的欢笑和泪水。然而要当众承认自己的弱点，却需要很大的勇气，但如果我们要求学生勇敢进取，自己就必须先立下典范。我们希望学生成为什么样的人，自己就必须先做到；假如是期望他们诚实善良、努力认真，那我们就要从自己开始做起。

在我们这里，人们总是崇拜名人。当一个老师出了名，往往就会停止教学，写些言不由衷的书，或是任由好莱坞导演为他拍摄夸大不实的电影。许多优异的老师就这样背弃初衷，穿梭于各大演讲会场，唯恐世人不知其名。

我将不会弃守我的教室。三十多年来，我不断地告诉学生：五十六号教室是个重要的地方，是个可以茁壮成长、努力进取的学习天堂。多年来，数千名学生在此接受我的指导，如果哪天我弃守岗位，岂不成了欺世盗名之徒？我岂能伤害学生的感情！

当你打开这本书的时候，请记得，我依然在这间教室里奋战；而当你逐页阅读本书时，我则不是指导学生解题就是批改作业，不然就是和班级摇滚乐团一起排练。我和你们一样，每天都期待能做出一些不一样的成果。在这个险恶虚伪、因循苟且的世界，我竭尽所能教育出善良诚实、积极进取的孩子，但这几乎是难以达成的任务。

假如你是个进取的老师，我有话告诉你，那就是，"苦日子不远了"，不管你再怎么尽心尽力，到头来都可能功亏一篑。但是这并不表示你教得不好，而是教书这工作本来就充满挑战，就算最优异的老师都随时可能碰到挫败。而好老师的过人之处就在于，他们从不轻言放弃，而且一旦遇上挫折，他们一定会再重返教育现场，找出更好的教学方法。

总而言之，本书写出了一个老师的蜕变历程。我和几年前的自己相较起来，进步了些许，未来的每一天，也一定会愈来愈好。

我希望有一天，你们也可以来到洛杉矶，我们一起吃饭，分享教学的欢笑与泪水。在此之前，你们也可以在网络上认识我的学生(http://www. hobartshakespeareans. org/)。

　　在教育圈中,总少不了爱说大话的老师,他们教几年书就离开岗位到处演讲,传授所谓的教学秘方。我认为,真正热爱教育的老师应该站在一起。老师必须经过失败、坚持以及大量心力的付出,才能淬炼出卓越的教学。我希望家长和老师打开本书之时,都能将这点牢记在心。毕竟,成功没有捷径。

雷夫·艾斯奎斯

目 录

序 曲

拳击手

擂台上的拳击手昂然挺立，
挥拳战斗是他的谋生方式。
舞动他的拳套，雨点般的拳头，
他记得每次痛彻心扉的打击。
虽然心里充满愤怒与羞愧，并呐喊着：
"我不干了，我再也不干了！"
不过拳击手依旧坚持到底。

——保罗·西蒙(Paul Simon，美国歌手)

　　我父亲是拳击手,参加过近百场业余赛和两场职业赛。母亲曾劝他退休,不过他坚持"一日拳击手,终身拳击手"。一九四八年,父亲遭到政府部门侦讯,然而这些官员却没能击倒父亲——父亲什么也没招,当局也没击中父亲的要害。他真是坚持到底的拳击手。父亲临终时,院方施以重剂量的处方缓和癌症疼痛,而这位享年四十八岁的社会工作者仍保持着一贯的风度问护士:"有没有需要效劳之处?"

　　从小到大,母亲教育我"助人为快乐之本",这就是我走进教室的原因。

　　在老师看来,各种打击是家常便饭,因此执教鞭的我们都算拳击手。但是,我自己却常被击倒,痛得眼冒金星。

　　老师经常被大小打击打倒,就算顶尖的老师也无法幸免,这是我三十年教书生涯的体会。不过我也很清楚,拍拍屁股站起来应战,就有机会成为顶尖的老师。

　　各位屡败屡战的同行,祝福你们。教育的问题就像拳击擂台的铃声,各位老师准备戴好手套吧,学生们需要你的协助。

第一章

开幕——坏戏登场

花些心思检视教育体制,你肯定会脸色凝重。教育政策千疮百孔,好比战场的断垣残壁。在职老师就是战场的生还者,身上伤痕累累。大文豪马克·吐温(Mark Twain)说得好:"身为人类却以人类为耻。"只要教书几年,你一定有机会碰到难缠的行政人员、同事、家长或学生,然后发出如此的喟叹。

　　本书的宗旨不在揭露黑暗,而是更进一步描绘教育的愿景。虽然如此,我还是要花些篇幅剖析教育的弊病,请读者暂时正襟危坐。

　　揭发弊病之余,我也有好消息:胆敢逆向操作却又担心后果的老师,本书就是你强效的定心丸,因为我正是活生生的实例。纵然"形势比人强",你还是有成功的机会。我和美国诸位建国功臣一样,"独立自主"是我们的坚持,但这可不是公立学校认同的特质。公立学校弊病缠身,教育官僚却用简化的方式解决复杂的问题。官僚们逃避问题的根源,干脆抬出新奇的口号和新版教科书,以鸵鸟心态面对糟糕的教育环境。学生阅读能力低的原因很多,最主要的则是经济上的弱势、人性贪婪,以及遇上不合适的教师。光是换套阅读教材或是改变教室布置,并不能彻底铲除问题。更让人扼腕的是,许多学区官员居然强迫老师采用相同的课程计划,让所有学生接受相同的课程和进度。新任教师搞不清楚状况,便当成是最佳的备课模式;在我看来，一致的课程产生一致的恶果。

身兼老师和家长的我，从来不和这些人瞎搅和。广告媒体强力宣传二流电影，学校同事则"要常看电视"以为了聊天，这些都与我无关；随波逐流才能融入时下文化，成为受大家欢迎的老师和家长，这点我也不敢苟同。有些教育同仁深谙随大流的奥妙，我尊重但不认同。至于我的体认和理念，他们看来大概也不痛不痒。

如果你是充满干劲的教师或家长，很想突破重围、另辟教育蹊径，却又裹足不前，那么，我要大声告诉你：我就是前车之鉴，而且目前仍然健在！我是弹孔累累的教育老兵，听从诗人佛罗斯特(Robert Frost)的建议，"挑了一条偏僻的小径"，学生的成就因此大为改观。

在资深老师看来，回首初来乍到的菜鸟岁月，真让人感慨。不管你入行几年，教书都是一样的辛苦。哪位老师第一年就上手？我还无缘见过。想要成为优秀的教师，非得累积多年的经验和智慧不可。

∼∼∼•∼∼∼ 初出茅庐时的挫败 ∼∼∼•∼∼∼

我承认自己在教育的道路上进步缓慢，以下要分享我当年在加州大学洛杉矶分校(UCLA)担任实习课程的甘苦谈。当年我是小学六年级的实习教师，大部分学生的母语是西班牙语。指导教师十分支持我，她特别称赞我的阅读教案。学区规定的阅读教材无聊得可以，我另觅文学名著，陪着学生一起阅读。他们不仅阅读功力突飞猛进，文学兴趣也培养起来。期末的时候，全班研读莎士比亚的《罗密欧与朱丽叶》，我本想周末带全班欣赏佛朗哥·泽菲雷里(Franco Zeffirelli)执导的电影。学生要去的是专门播放二轮片的电影院,全都是经典之作(当时录影带尚未普及,否则不必如此大费周章)。

这让学生们兴奋莫名,大家铆足劲研读莎翁名著,可周五时校长的一纸命令,粉碎了大家的美梦。校长下条子给我,说明学校严禁老师利用周末假期进行户外教学。他还下了通牒,威胁我说实习成绩恐怕不及格。

我当时勃然大怒,把纸条揉成一团。我努力了两个月,孩子也认真配合,家长更是全力支持;许多家长还要陪孩子一起去看电影呢!这场电影是孩子努力研读莎翁文学的最佳犒赏,校长身为学校之主,居然从中作梗,我当时真难以置信。但现在回想起来,不禁为之莞尔。

当时,我二话不说冲进办公室,把纸团交给校长秘书,还告诉秘书张贴纸团的最佳地点。当天下午回到 UCLA 上课时,讲师通知我已被实习计划暂时开除,除非委员会提供我适合当教师的证明。这下严重了,相较之下,户外活动就算小事一桩。

我回家后,还是气愤难耐,眼泪都掉不出来,想到可能无法执教,心里真是惊恐不已。我花了生命中好长一段时间不断努力,就是为了有朝一日站上讲台。这下可好了,只因一件蠢事就要放弃教职,还可能违背兴趣转行读法律,想起来就让我不禁感到恐惧。

长话短说好了:最后委员会决定,只要我同意放弃过去六个月的实习资历,他们愿意网开一面。委员会为了惩罚我,特地安排一位自顾不暇的新进教师当我的导师。而前一年我和这位教师还一同修研教育学分,她还不时找我帮忙。不过我的第二任导师颇有自知之明,晓得自己任教经验不足——却顺利拿到教师资格而且立刻找到职位。但话说回来,我真要佩服委员会,如果他们的任务就是羞辱我、给我好看,这项任务的确已圆满完成了。而我这边所得到的宝贵教训,就是"不可以和校长作对"。

当时我渴望一份教职,只好继续忍气吞声。等到来年终于领到教师证时,我竟然高兴过了头,完全没有反思教训的意义,还认定这是偶发事件,不足为训,并且以为有朝一日正式开始教学、领到薪水,我的上司应该是尽心尽责、以孩子前途为己任的教育专家。教育界确实有许多善心人士,只不过他们把教职当成糊口的工作,而不是神圣的任务,当时的我还没这种认识。

但是我还是忽略这个重要的教训,在往后的日子付出了不计其数的代价。

我在"天堂"的日子

教育体制如同战场,这次我顺应长官指示,换来了第一次死里逃生。仔细想想,这正是新进教师最易忽视的危机。在身为教师的我们看来,"死里逃生"不也正是最基本的目标吗?我们每天祈祷课程顺利平安,下课钟声快快响起。在新进教师听来,还有哪种声音比当当响的放学钟声更美妙悦耳?正因如此,孩子的学习反而被置于次要地位,这种例子太多了。在菜鸟老师看来,资历老的教师的求生妙方当然好处多多,但是对学生就不见得了。许多新进教师自认为教学认真,实际的教学内涵却是空泛虚幻,他们把教室布置得美轮美奂,依照教育部门的指示张贴各项学习目标。学生则循规蹈矩,遵守着各种班规校令。

然而上面这些分析，实在让人不堪回首，我就是这样一路走来。刚任教的几年，我也自认为表现优异，是受孩子们欢迎的好老师。天呀，现在回想起来真使人汗颜！当时一心想的居然是"学生喜不喜欢我"，而不是"学生学了多少"。

算来我的运气不赖。起初打算到经济不好的学区任教，结果事与愿违，最后调到学生家庭收入中等的学校，家长属于中产阶级，其想法也很中产阶级。全校只有三百名学生，大家都说流利的英语。学生都有各自的音乐家教，周六的课外活动离不开足球、戏剧或是交响乐。每个孩子刚踏进教室，就喜欢素昧平生的老师。我曾经和朋友打趣地说，这个学校称得上"天堂"。在这里教书真是享受，直到一个小女孩粉碎了我的安逸，才让我选择了另一条跑道。

当时，学校有专人募款，支援各项课外活动。有的老师开设网球课程，有的只带四名学生到戏院欣赏名片。而我喜欢莎士比亚，便自告奋勇当二十五名学生的领队，到圣地亚哥"旧金球戏院"（Old Globe Theater）看戏。随行的家长必须自掏腰包，还要捐出二十五美元。这样一来，校方有了额外收入，学生也有了快乐时光和学习成果。

我们真的出发了，行程就像时钟运行一样顺利。我们夜宿豪华饭店，装潢摆设很有夏威夷风情。下午孩子们在奥运会规格的泳池戏水，傍晚回到宽敞整洁的房间换装，接着享受精致晚餐。我们总共欣赏两出戏：《罗生门》（Rashomon）以及闹剧《温莎的风流娘们》（Merry Wives of Windsor），大伙都玩得尽兴。

星期天下午，一行人走向游览车，准备返回洛杉矶时，我旁边是活蹦乱跳的小女生珍妮。我说:"玩得愉快吗?""当然啦,雷夫。"我又对她说:"饭店很豪华呢!"珍妮含糊地回应:"我们以前在夏威夷和纽约住过更棒的,这间也还好啦。"

当时我并没有强烈的感受,直到回程路上,我不断思索珍妮的话。我自以为给了孩子绝无仅有的户外教学,我自以为这些日子对孩子意义非凡,我忙了好几天策划活动——但是搞半天,这群幸福的孩子根本不需要我的付出。

因此接下来几个星期,我冷眼旁观同事的举动。有些老师确实棒得没话说,有些充其量只是上下班的教书匠。不管是谁,大家都选择了阻力最小的教育生涯。学生资质优异、家境优越,教师就像开着卫星导航的车子,轻松又惬意。教师只要照表上课,这章上完换下一章。下班呢,连续剧和桥牌在家伺候,社交生活稳定,薪水按时进账。这样的生活当然不错,但是我不认同。

由于我是菜鸟教师,其他教师都会好心邀我共进晚餐。我开始怀疑,小学老师的同事压力可能更甚于高中青春期,因为大家都会劝你"这样上阅读课就可以了"、"历史课?这样教就好了",或是"雷夫,只要这样上课,保证和大家相处愉快"。

他们没错,我和同事也的确处得来,而且学生的有钱老爸总会在圣诞节及期末奉上高价的礼品。这样的教书工作不但有钱赚,也让我乐在其中。不仅如此,还享有周末以及一年三个月的假期。天底下还有这种"假多事少离家近"的好事吗?不过很奇怪的是,身在福中的我却闷闷不乐。我开始失眠,上班时经常纠结,最后终于发现快快不乐的原因:"天堂"太完美了,学生看似优秀杰出,但就是有哪儿不对劲。这个学校带些五十年代的风格,校风当然很好,只是校方欠缺包容力,一点新奇的作风都被大家视为离经叛道。我看着学生表演的歌曲和舞蹈,心里总是盘算着更好的点子,却也只能保持缄默,毕竟我晓得自己的本分。我还晓得学校内幕,说来真会吓死人——有几个同事为了维系校誉,在标准化考试时大动手脚。

人生机缘难料

第一年任教的时候,我参加过一场校务会议,主题就是标准化检测。当时加州的学童都要接受检测,美其名曰"基本能力检测"(Survey of Essential Skills,简称 SES)。检测内容很简单,只是评鉴最基本的能力。校方为了鼓励孩子考满分,特地订制胸针让孩子佩带,胸针上印着"百分之百"。

会议结束后,两位资深教师把我拉到一旁,特地示范考试必胜绝招。SES 的内容都是单选题,采用电脑阅卷方式,学生只要圈选答案即可。两位教师拿出一张纸,纸上布满排列特殊的小洞,把纸遮着试卷立刻看出答对几题。如果孩子提早交卷,监考老师就以这种方式预知分数,然后告诉学生:"你错了三道题,请回座重新检查。"

"这不是作弊吗?"我小心地说。

"当然不算!"资深老师不耐烦了,"我又没有直接告诉学生答案或哪题错了,只是鼓励孩子考满分而已。考试成绩漂亮,报纸就会刊登。分数越高,学校就会争取到更多经费。"

我听到这样的解释,当下惊愕得哑口无言。有天校长室里没有旁人,我逮到机会硬着头皮和校长讨论。我告诉他,我会鼓励孩子尽力而为,但绝不需要灌水的成绩。学生答错了,表示老师还有努力的空间。我自认这样的语气还算和缓中肯。

但校长却摇头叹气，他说我固执且不识大体。他对我很失望，他说我要学的还很多，我想也是。我还是坚持考试的原则，结果发现两个好处：第一，上课时我不再纠结；第二，每晚我能有个好睡眠。

然而不管怎样，我还是无法以清晰的思路，重新定义教书的责任和目标。我整天胡思乱想，却是见树不见林。在这段混沌期，我想到《哈克贝利·费恩历险记》(The Adventures of Huckleberry Finn) 的主角哈克，他是我心目中的英雄。

《哈克贝利·费恩历险记》是马克·吐温的巨著，最引人入胜的情节在于哈克的内心冲突。黑奴吉姆逃出庄园，哈克虽然好心帮他重获自由，内心却是顾虑重重。逃跑的黑奴人人得而诛之，这是当时美国社会的观念，哈克当然也深受影响，第一次遇见吉姆时就有此念头。他们俩乘着小筏顺流而下，碰到两个抓黑奴为生的人。哈克不费吹灰之力就可以出卖朋友，以符合社会的期望。精彩的地方来了：在最后一刻，我的偶像说出善意的谎言，黑奴因此幸免于难。

事情过后，哈克的罪恶感更重了，他觉得自己行为不端。他扪心自问：出卖吉姆以符合社会期待，这样对得起良心吗？哈克说得好："照着规矩做事，心里怪怪的；不照规矩做事，心里却舒服，两种方法的代价都差不多。到底怎么办才好？算了，什么都别想，照着自然的方式就好。"

这些年来，哈克的想法深植我心，成为班级经营的规则。中午我不和同事用餐，而是竭尽所能指导上百位学生弹奏吉他或别的乐器。学区统一指定教科书（这些书是治疗失眠的最佳良药),而我却精选文学名著,借此激励孩子奋发向上。许多教师利用课余时间进修,希望薪水往上攀升,这是人之常情。我呢,放学后自愿留校两小时,讲授额外课程。

新手教师总会承认教学的疏失,我也不例外。刚执教鞭的几年,我的能力真是有待加强。不过我想通一件事,那就是照着自己的方式生活。凡事都要取悦他人,肯定没有快乐人生。手心向下帮助他人,才是我的人生。无法享受豪华饭店的学生,没钱买书甚至不晓得图书馆在哪的学生,才是我要施展抱负的对象。

人生机缘难料,在我对"天堂"有诸多抱怨的时候,恰好担任数学竞赛代表队的指导老师。这个代表队抱回了学区冠军杯。就在我们领完奖后,一位校长朝我走来,他的学校就在市区的另一头。不过那间学校表现很差,小朋友都垂头丧气地走回校车。

这位校长对我早有耳闻。原来,我的校长在行政会议上向他抱怨连连,说我虽然才华横溢,不过"难以驾驭"。这位校长问我是否有转校打算,该校的教学工作肯定困难许多,但是保证不干涉我的专业。这下好玩了。他比喻自己的学校是"丛林",还打趣说我是从"天堂"掉到"丛林"的人。老实说,这位校长真是"老奸巨猾",他就像经验丰富的渔夫,准备好诱饵引我上钩。更重要的是,他真的履行诺言让我尽情发挥:我到新学校上课的第一天,这位仁兄刚好退休!那天他还到教室和我寒暄话别,我永远记得他脸上揶揄的表情。

终究,我还是走进了这片都市"丛林"。"丛林"和"天堂"仅仅只有二十分钟车程,但是其间差距恐怕有二十光年。"丛林"拥挤不堪,学生下课时都挤到走廊上玩球。全校学生超过两千人,大伙的早餐和中餐都在学校解决。几乎没有学生通过检测,也没有学生在家里说英语。检测的成绩低得不像话,我甚至怀疑,就算作弊也回天乏术。

我把"天堂"的模式移植到"丛林",宣布周末要带孩子户外教学,节目是圣地亚哥的莎士比亚节(Shakespeare Festival)。我开家长座谈会的时候,家长只提出几个问题:孩子是否需要护照?孩子离开洛杉矶,移民局会不会找麻烦?这是家长的忧虑。孩子们则担心饭店没有浴室和床,或是有没有电话可以报平安。他们提的问题都很怪,就是没人提到夏威夷。

我离开教育的天堂,自愿陷入丛林的泥沼,在这里遇上了失败和创伤,也都算家常便饭。在"丛林"教书不是儿戏,我"挑了一条偏僻小径",但对于自己的选择,倒是无怨无悔。刚开始真不晓得如何调整心态,但是随着岁月流逝,我逐渐摸出自处之道。有件事我很确定,那就是,佛罗斯特真是智者。

第二章

你想成为哪种老师

在教育圈内,男老师是块宝。老实说我不算太帅,但是由于太无知的关系,我还自比是帅哥呢。不过我颇有学生缘,"天堂"的孩子都想挤进我的班级。毕竟在一九八三年的时候,全校晓得摇滚乐团"文化俱乐部"(Culture Club)和"冲击合唱团"(Clash),而且能用吉他演奏两团曲目的,就只有我。我不但通晓音乐,还能将音乐融入课程。但当时的我仅仅是为了讨好孩子,无法在教学上有杰出的表现,我自己居然蠢到无法意识到这一点。"天堂"多得是漂亮的教师助理,我就是万红丛中的一点绿。

我到"丛林"之后,一样吸引着女助教的注意,她们对我花哨的教学方式相当感兴趣,甚至其他的女老师,也注意到我与生俱来的孩子缘。有天,某位年轻女同事问我,为什么教学的热情如此炽烈(大家的好奇心都一样),我这么回答她:"希望有朝一日,路人当面夸赞'雷夫来了,这就是史上最伟大的老师'。"

有趣的是,这位助教竟然十分认同我!她听到这样的话,马上把我奉为天人,居然接着说:"真的呀,雷夫?你想当最棒的老师呀?你其他方面也都好棒!"

教师的使命是什么

我向来踌躇满志,直到遇见一位怪胎,一切才有了改变。

19

这位叫芭芭拉的小姐与众不同,大脑和外表同样出色,讲话毫不拐弯抹角。她和其他女教员一样,也对我的教学热诚大感兴趣,并且提出类似的问题。而我,当然故伎重施,脸上摆出灿烂的笑容,期待她的倾慕。

想不到,这位小姐听了之后竟然爆笑:"这是我听过最可笑的话!"

"唉……"我紧张得说不出话,喘着大气,这小姐实在够呛。

她接着说:"你教书只是为了自己着想,不是吗?你以为小学生满街跑?你逛大街压马路的时候,谁理你呀!"

这话虽然让人刺痛,却是逆耳忠言。我恍然大悟,搞半天自己还弄不清楚教师的任务。

我已经出尽洋相,现在大方承认也无妨:这个小姐太过分了,我一定要讨回公道!居然有人占我便宜,等着瞧!但没想到,我们两个最后竟然两不相欠,一起步上了婚姻的红毯。

我和芭芭拉尽管有了圆满的结局,但是我这段自我探索的旅程尚未画下句点——这才准备开始。只要是杰出教师,绝对必须回答这些难搞的问题:教师的使命为何?学生踏进你的教室,可以学到什么?可以带走什么?

了解学生真正的需求

看过《死亡诗社》(Dead Poets Society)的读者,应该会被结局感动。基廷老师(Mr. Keating)被校方炒鱿鱼,学生全站到桌子上面,表达吾爱吾师的情谊。然而我却认为,很抱歉,你的眼泪白流了!基廷老师教得很烂,教育成果乏善可陈,他只是巴结学生罢了。因此当学生被迫签署对老师不利的请愿书时,大家都怕被勒令退学。如果基廷先生的专业奏效，学生应当不会屈服于恶势力才对。我喜欢男主角罗宾·威廉姆斯（Robin Williams），但是戏中的基廷却不适合当教师，我不要同流合污。

没有人刚走进教室就掌握教育目标，就算是头脑清晰的老师也不例外。要找到内心深处的目标，需要好几年的探索。当然了，教学新手的任务就是在混沌中求生，我们不能苛责太多；但是优秀的教师终究要把教学提升到另一境界，重新定位真正的目标。

我的任务追寻分成两个阶段。我在"丛林"奋战几年，俨然成为众人心目中的"至圣先师"。学生喜欢上课，我把文学和艺术融入教学，发展有创意的教学活动。我热爱数学，用数学把孩子调教成解题高手，把他们从加减乘除带领到全新的境界。在聚会场合，我的学生是最好的歌手，这群孩子利用午餐时间找我学吉他。当然了，全班每年年底一定到圣地亚哥参加"莎士比亚节"，我们玩得充实又愉快。尽管赞美从各方涌入，我还是觉得若有所失。

我的学生当然比以前用功许多，他们一向是全校最努力的。不过话说回来，他们太容易志得意满。如果他们算对大部分题目，就会自认为数学程度突飞猛进，因此松懈下来。学生的进步我看在眼里，但无可讳言的是，孩子终究必须离开"丛林"，和"天堂"的孩子竞争较劲。这根本是一场没有胜算的竞赛，我无法让这些孩子洞悉危机。

大人要为孩子的成长环境负责

而当我环顾周围时，我也开始思索起这个问题：为什么孩子总会去逃避困难的挑战？我认为，是我们塑造了快餐文化，社会虽然变得便利，孩子们却要付出惨痛的代价。一切来得理所当然：我们冲泡速溶咖啡，不必排队就可以在家轻松欣赏电影，甚至逛街不出门就能买天下物。我们坐享即时的通讯模式，按按鼠标就能下载热门音乐，唱片商店相对来说就太遥远了。

在年轻人眼中，万事唾手可得。更糟糕的是，大人居然还对他们说谎。大人只手遮天，掩盖事实真相。老师和校方对学生家长说谎，设计出"初级代数"这样的课程。这真是善意的谎言。有些学生尚未精熟基本运算，根本没资格碰代数。我们不敢公布真相，明明是"落后学生专用之基本运算"，却硬要和代数扯上边。

学校还有《代数轻松学》这样的教科书。算了吧，代数一点都不轻松。要精熟代数，少说也要几百小时的苦算和用功。我第一次教六年级学生代数的时候，察觉到问题的严重性：孩子已经精熟基本运算，但接下来还有必须加倍努力才能克服的代数问题。

但是问题不在于学生，他们已经够聪明了；问题出在他们的心智不够强韧，无法攻克学习的关卡，尝到坚持到底的甘甜。我唠唠叨叨，连哄带骗，能想的都想了，就是要学生努力再努力。无奈他们还是禁不起挫折，动不动就举白旗放弃。如果"庸俗"是社会的主流，我怎能苛求孩子珍视"优异"呢？我必须不时提醒自己，"优异"是相对概念。在"丛林"称王的阅读高手，出了校门可能立刻碰壁。真是学生不急，急死老师！

其实，学生还有进步空间，现阶段的表现只能说差强人意。我想了几个星期，就是苦思不得其解。幸好有天历史课的时候,我突然灵光乍现。那天研读开国人物杰斐逊(Thomas Jefferson)的《独立宣言》,大家逐句拆解其中涵义。学生解读了"不可剥夺的权利",紧接着分析"生命、自由以及追求快乐"等各项权利。

我突然懂了,原来问题出在这里!我的学生,连同时下的年轻人,都渴望美好的人生。大家都热爱自由(虽然他们常常不珍惜自由),也期待快乐的人生。仔细想想,学生就是现代社会的缩影,大家的问题都出在"追求"这个字眼。平心而论,我们拥有追求快乐的机会,但是快乐不会从天而降。多少孩子还在追求美梦?但是每天守着电视或电脑,美梦怎可能成真?我心中已然有谱,该是定义解答的时候了。

记住,成功无捷径

过了不久,我带全班参加好莱坞剧场音乐会,聆听大提琴家哈瑞尔(Lynn Harrel)独奏德弗札克美妙的乐章。曲终人散时,全班四十五名学生受邀参观后台,和这位世界闻名的大提琴家晤谈。哈瑞尔身高一米九,六年级学生等于站在音乐巨人旁边。哈瑞尔的身高、名声和出众的琴艺都让孩子瞪大眼睛、哑口无言。彼得刚刚学拉大提琴,他害羞地抬头仰望,小声发问:"哈瑞尔先生,你怎么拉出这么棒的声音?""嗯……"哈瑞尔俯身向前,正视着彼得的双眼,平静地发出石破天惊之论:"成功无捷径(there are no shortcuts)。"啊!这不就是我朝思暮想的解答吗?

哈瑞尔的话非同小可,孩子们立刻有感觉,他们还偷偷瞧我一眼。虽然老师静默无言,他们大概也知道我又有新点子了。当时是星期五晚上,大伙心里有数,猜得到下周一绝对有番新气象。我则是跃跃欲试,因为在诲人不倦的路上,我终于找到激励士气的标语了。

两天后,全班又回到教室上课。我摊开一张标语贴在教室前面,上头写着:成功无捷径。没错,人生本来就充满不平等。有些学童含着金汤匙出生,他们英文讲得溜、父母水准高。相较之下,穷孩子的梦想真是遥遥无期。但是从这天开始,梦想将会逐渐成真,因为孩子们采取另一种策略面对挑战。也就是说,他们求学的态度将要有一百八十度大逆转才行。如果市区另一头的孩子阅读能力较强,我们就要投入更多时间、付出更多努力,还要遵照更严格的纪律。因此,我们决定延长学习时间。学校在早上八点开始授课,有几个学生打算多读两个小时的书,六点就到校。其实许多学生真的六点就来,六点半以前几乎全员到齐。他们甚至要求周末早上和我一起打拼,这表示要和电视说拜拜了,电动玩具也要暂时束诸高阁。他们的态度慷慨激昂,颇有几分烈士的味道。《相约星期二》(Tuesdays with Morrie)的主角莫瑞教授临终之前告诉他的学生:面对世俗文化时,不需随波逐流。我的学生也朝着这个方向挺进,一切似乎水到渠成。他们不单拒绝世俗,更创造出属于自己的文化。读者或许以为,这群孩子恐怕要和童年永别了。我也目睹过孩子被迫不正常成长,变得老成世故,想起来就让人起鸡皮疙瘩!但是请放心,这种惨事不会降临本班。我的学生还是爱搞笑、爱打水仗,在游乐场时开心得找不着北。他们爱玩,也爱代数。他们还发现,要进入学问的殿堂,非下苦功不可,谁都不例外。代数并不容易,但是到最后全班都能看懂题目解题,天书似的方程式也能破解。学生投注可观的时间和精力,创造出团体的韧性和耐力,任何障碍和困难都灰飞烟灭。期末代数成绩出炉,这班六年级学生有高水准演出,八年级甚至九年级的学生都要相形见绌。

不过,我们不打算大肆庆祝,因为"成功无捷径"俨然成为班级文化,大家都晓得苦学一年的代数不过是入门功夫罢了。打从孩子体会这句话开始,他们仿佛脱胎换骨:每个人自信满满,但绝不得意洋洋。这是一种坚毅沉稳的气质,更是日后班级的精神标志。

凯文的启示

几年过后,到了一九九三年,我受邀至得州休斯敦为非营利教育组织演讲。我带了几个学生同行,他们当场分享学习成果。学生表演莎翁名剧,我则拾人牙慧继续鼓吹哈瑞尔的名言,意想不到的趣事发生了。

当天晚上演讲结束后,两位聪明又有亲和力的年轻老师找我聊天。他们听得高兴,也欣赏我的学生。一位毕业于宾夕法尼亚大学,另一位则是耶鲁高材生,他们发现台上的我虽然广受肯定,其实就是平凡的老师,因此依样画葫芦不难。真是一眼把人看穿。他们打算在休斯敦大张旗鼓,帮助经济弱势学生。两年过后,他们成立了 Knowledge Is Power Program(简称 KIPP),就以哈瑞尔的名言当口号。

现在,KIPP 成为遍布全美的加盟教育机构。其中休斯敦和布朗克斯(Bronx)的分部成效最佳,已经获得全国肯定。我们和 KIPP 的理念相同,都提出追求完美的学习态度,而这种精神正是时下年轻学子最欠缺的。许多优秀的老师运用我们的经验,让成千上万的学生改善其生活品质,想到这里就让人欣慰不已。

最让人欣慰的,是第一批和我学习代数的学生。每个学生都很特别,最特别的非凯文莫属。凯文各方面都值得称赞,却很少讲话,因为他有严重的口吃。凯文不仅心地善良,头脑更是一级棒。我细看他的辅导记录,前几任老师除了记载他很安静之外,看不出特别之处。当时的我阅历太少,无法想象这个学生往后的潜力。

我在意凯文的特质,因此当年莎翁戏剧公演时没排太多戏分给他。幸好这是明智之举。事实上,凯文的吉他弹得棒,担任班上乐团主力更恰当。有一次我和凯文下棋,还惊觉这孩子居然是我所碰到的棋手中最杰出的一名。这年的教学生涯充实而愉快,班上有这样的学生真好。凯文毕业四年后,我才再看到他。

记得那天我和学生在礼堂上课。学校一年到头全年无休,不同时段都有不同的学生。我的学生放长假,教室已被其他年级的学生占用了,大家还是照样天天到校上课。只要有落脚之处,我们就可以阅读课外书籍,而那天正读着奥威尔(George Owell)的《动物农场》(Animal Farm)。我一抬头,看到久违的凯文。

凯文突然长高好多,身子还是一样单薄,脸上还是带着腼腆的笑容。凯文的笑容是他的标签——嘴唇微微上扬,从不露出牙齿。他一手捧着花,另一手拿着卡片,特地返校来看我这个老师。他结结巴巴和学弟妹说声"哈——喽——",然后转身离去。我打开卡片，看到熟悉的笔迹，想起第一天认识凯文的情景。凯文谢谢多年来老师的照顾，告诉老师他过得很好。他提到目前还在下棋，并且乐在其中。

两年后的某天，我正在教室上课，凯文又出现了。有些学生进入高中之后，每周六固定找我温习功课。我陪他们准备大学入学试题（Scholastic Assessment Test，简称 SAT），凯文志愿当义工陪读。他恰巧也在准备 SAT，正好利用时机助学弟妹一臂之力。有凯文当助教，真是天大的好消息。坦白说，之前我对沉稳的凯文认识不多，反而这次和他有较多互动，这才渐渐了解他的内心世界。

凯文还是改不了口吃的毛病，但是讲话流畅多了。他是全国顶尖的高中棋手，打败各州的好手已是兵家常事。他不但担任学校棋队的队长，更是科学社团的灵魂人物。这还不算什么。更令人高兴的是，凯文报名加州定期举办的高中学术十项全能竞赛，分数挤进了前几名。这是全国性的学科竞赛，内容包罗万象。各地优秀高中生整整集训一年，甚至半夜还在学校训练，竞争激烈的程度可想而知。

凯文为什么加入学校代表队？过程耐人寻味。凯文原本所在的高中校誉欠佳，管教松散。怪的是，该校的竞赛代表队却十分杰出。凯文的表现比学长还好。教练乐坏了，渴望凯文能够助他抱回冠军杯。可惜凯文和教练不合，最后只得转学。虽然新学校的代表队实力不强，但是教练的风格好多了。凯文快毕业的时候，他们那队后来居上，击败以前的学校，不过还是没能进入全国阶段的决赛。凯文从此崭露头角，夺得好几面奖牌，其中几块还是金牌。凯文的成绩平均分（Grade Point Average,简称 GPA)高达四分半,SAT 达到一千五百四十分,数学拿下八百分的佳绩。凯文虽然申请斯坦福大学失利(我至今想不透原因),不过申请到了加利福尼亚大学伯克利分校提供的高中毕业会考奖学金。

对一个六年级时有严重口吃、几乎金口不开的学生来说,这样的成绩很耀眼。凯文的表现让我无话可说,但是更精彩的还在后头。我们相处的最后一个周末,这个沉默的学生又有惊人之举。这一年来,凯文和学弟妹并肩作战,帮他们复习阅读测验或是指导数学方程式。他向来轻声细语、谦虚沉稳,那天却主动要求对全班演讲。凯文讲话轻柔,全班鸦雀无声,大家以绝对的专注向这位杰出的校友致敬。

凯文提醒大家,家家有本难念的经。他告诉大家:小时候家里遭逢巨变,但是没有人晓得,包括雷夫老师。当时经济拮据,只能眼巴巴看着同龄的孩子参加课外活动。很多老师不喜欢他,直到碰到雷夫老师。要不是雷夫老师的信任和眼光,自己早就放弃学业了。凯文讲到这里,已经声泪俱下。他要台下的学弟学妹珍惜眼前的一切。口吃的凯文侃侃而谈:家庭不幸带来的痛苦、老师无知造成的创伤,特别是被斯坦福拒绝的愤怒。斯坦福居然接受吸大麻和逃课的学生,只因为他们的父母荷包满满,付得起凯文无力负担的高额学费。

最后凯文提醒大家:人生虽然不公平,但是世界依然充满希望和惊喜,他希望大家绝对不要放弃探索的意愿。他特别强调,人生有梦,只要随时怀抱希望,就能发挥无穷的潜力。

凯文讲完了,他问大家是否有问题要问,大家默然以对,泪水盈眶。有位学生打破静默,他问凯文如何击破社会的打击、伪善和残酷,最后荣获高中毕业会考奖学金。凯文看我一眼,说道:"成功无捷径。"

这句话掷地有声,振奋人心,最后一个周末有了精彩完美的落幕。此时此刻,眼前的凯文是我的最爱。像他这样韧性智慧兼具的学生,世间又有几个?

然而,把哈瑞尔的名言奉为信条,只能解决一半的教育问题。当时的我参不透这个道理,只感觉到,教育的方针已然确立,但是痛苦和气馁还在前方隐隐若现。

第三章
学生阅读总动员

每个人的生命里,总有些刻骨铭心的回忆。我记得肯尼迪总统遇刺,举国哗然震惊。我的女儿也记得湖人队魔术师约翰逊(Magic John)宣布罹患艾滋病的新闻。我也有快乐的回忆:父亲带我到后院,示范棒球曲球的投法。父亲是我的偶像,我投球时兴奋感动之情,至今历历在目。我也忘不了有天放学回家,得知挚爱的父亲已经因癌症去世,当时的我还不到十岁。而在接下来几十年中的每一天,那个黑色的星期三总是挥之不去。

为什么学生痛恨阅读

我更忘不了初执教鞭的第一天,五年级学生发出的惨叫。

学生为什么惨叫?是老师讲的笑话太冷了吗?是营养午餐难以下咽?还是身体不适?都不是。原因是:阅读时间到了。

为什么学生痛恨阅读?许多学生阅读程度低,问题又出在哪?教育专家、家长、社会人文学者以及媒体,无不为此绞尽脑汁,想出了一箩筐解决方案。

阅读教育的问题不仅复杂,更是教育危机中关键的一环,不能归咎于单一原因。到头来,各界只好想出得过且过的鸵鸟方法,剥夺了阅读应有的乐趣。教育系统、家长、老师甚至图书馆员,都算共犯。

请不要因此垂头丧气,毕竟负责任的老师、图书馆员和家长还是大有人在。但如果真的是这样,为什么孩子阅读能力还是如此低?原来,每个优秀老师的背后,总有个扯后腿的人。这几年来,我调教出一群热爱阅读的学生,我很乐意和大家分享些许经验。

我没有任何行政权力,不涉足任何委员会,也不参加研习(我讨厌开会),我只是个单纯的带班导师。高高在上的教育决策者,下放到教学现场也可能一筹莫展。说穿了,我们需要教育理想。今天早上我六点准时出现在班上,明天也是一样。我告诉学生待会要共读经典文学,教室里发出一阵欢呼。身为家长或教师的你,也可以像我一样。我要提醒各位的是:从零到一并不容易,尤其置身在这样的教育环境。

阅读是学生最重要的课程

我们面对现实吧:"阅读"是教育最重要的一环,其他科目合起来都没它重要。阅读能力薄弱的学生,不但学科成就欠佳,也很难得到知识的乐趣。我教过几百个五年级学生,他们毕业后继续深造,都有不错的表现。这些成功的孩子正是美国社会的缩影,他们的族群、宗教、经济以及文化背景各异,却有共同的特点,那就是阅读能力高超、手不释卷。阅读教育是条漫长艰辛的旅程,虽然我已经带领孩子走了好几回,下一回也不会变得更轻松容易。

从事教育工作,你很容易愤世嫉俗。我完成 UCLA 的教师培训课程,顺利进入"天堂"任教。两年来,我误以为自己是超级名师。不过话说回来,我还是有所建树。其中一件引以为傲的,就是把正规教科书丢在一旁。

许多孩子看到教科书就反胃,错不在孩子。教科书的内容枯燥乏味,更糟的是,许多教师影印没完没了的学习单,以为这样就可以传授阅读技巧。大多数的教师根据孩子的程度分级,如果孩子跟不上授课速度,就要花时间填写学习单。这样安排的目的,无非是让程度落后的孩子有点事做,好让老师专心指导高阶的学生阅读。但是,填满学习单就会念书了吗? 你问问孩子。更糟的是,这群孩子从此和书本势不两立。

因此,我把教科书摆一边,这些书只会抹杀阅读应有的乐趣。我采用经典当教材,马克·吐温、斯坦贝克、狄更斯以及安吉罗等大师是孩子的文学导师。"天堂"的孩子对于以上作家并不陌生,他们的双亲都能说着一口流利的英语,因此我推荐斯坦贝克的《珍珠》(The Pearl)时,发现许多孩子家里早有一本。没有此书的家庭,妈妈也会主动到书店购买,不然就是孩子自己骑单车到图书馆借阅。这段时间,我的阅读教育进行得顺畅,孩子本身就爱好书籍,家长也很配合。

借书大行动

然而,两年后当我从"天堂"调到"丛林",就像进入天壤之别的世界。"丛林"的学童在家都不说英语,许多家庭只能用赤贫来形容,课外读物是奢侈品。我刚才提到,老师很容易愤世嫉俗。而在我刚当五年级班主任时,立刻发现这些孩子其实不输给"天堂"的学生,但是英语不是他们的母语,他们放学后也没有芭蕾课程,一切环境都让人扼腕,因此这群孩子根本无法阅读任何文字的书籍。

这情况让我心里很难受，我决定绝不让孩子们坐以待毙，于是当下对全班宣布：我们要阅读文学经典，要培养阅读爱好。我告诉孩子，下周就要欣赏斯坦贝克的《人鼠之间》(Of Mice and Men)，希望大家都能准备一本。但没想到，书店在哪条街、图书馆在哪，居然没有人晓得，也没有人申请过借书证。

看到这样的结果，我更加激愤，当下吃了秤砣铁了心，我对自己承诺：周六以前，一定要替全班每个学生弄来一本《人鼠之间》。我翻开电话簿，找出我家方圆二十五里以内所有的公立图书馆。图书馆开门的时间不定，有的早上九点，有些要到十点。周五晚上，我预先规划借书路线，计划在下午前借到三十六本《人鼠之间》。嗯，UCLA 美式足球赛下午开打，当然不能错过。不过，一开始我却有了不错的斩获：我在早上九点赶到第一间图书馆时，居然发现六本《人鼠之间》！事情比我想得容易，我赶紧到柜台办理借出。我把六本书放在柜台，拿出借书证。

雷　　夫：早啊。

图书馆员：早安。喂喂，先生你开玩笑吗？

雷　　夫：唉……我晓得是有点好笑。我是小学老师，我们同学需要《人鼠之间》。

图书馆员：你不能借走这六本书。

雷　　夫：为什么？我有教师借书证，按规定一个月内可以借到十本。

图书馆员：是十本不同的书。

雷　　夫：什么？

图书馆员:十本不一样的书呀,用膝盖想也知道。你把相
　　　　同的书都搬走,其他人怎么办? 我们希望这六
　　　　本书给六个人阅读。

雷　　夫:对呀,这六本书就是给六个学生阅读。

图书馆员:你搞不清状况,我不希望找麻烦的老师破坏规
　　　　定。你只能借一本,就是一本!

　　我气炸了。是我找麻烦吗? 我原本以为图书馆员都是满
腔热血,我也以为这位女士只是特例,不足为训——结果,这位
女士却不是特例,因为接下来的每间图书馆都给我类似的
待遇。

　　不要灰心! 满脑创意以及意志坚强的教师,不会因此裹足
不前。接下来几周,我照样到图书馆替孩子借书。只是一个小
时后换上不同的衣服、眼镜、帽子,甚至戴上假胡须,再去借第
二次。结果,三十六本书全部手到擒来!

　　我要强调的是,就算整个制度都和你作对,以顶尖教师自
诩的你,一样可以把每本书弄到手。不过你放弃的话,也是情
有可原,因为老师的工作不断被无意义的琐事打断,不放弃
也难!

　　所幸,孩子们的阅读教育渐入佳境。我在"丛林"的第一
年,学生的阅读嗜好有了十万八千里的变化。他们和我看完了
一堆有趣的好书,而且特别喜欢阅读课。全班读完《爱丽丝梦
游仙境》之后,我设计搞笑逗趣的"爱丽丝节",那天孩子必须穿
戴书中造型上学。有位男生模仿主角爱丽丝,身穿深蓝色洋
装,脸上浓妆艳抹(还好妈妈很配合,赔上化妆品)。他模仿得

惟妙惟肖,中场休息上厕所时,还被同学赶出男厕!

除此之外,马克·吐温、理查·赖特以及乔治·奥威尔的作品,也陪着孩子们一起成长。大家的考试成绩提高了,孩子快乐,家长惊喜,我则沾沾自喜。

一年后,当地一所中学的图书馆员跑来找我(许多本校毕业生都直升这所中学),她很不客气地对我说:"你的学生借太多书啦!"她其实说得并不夸张。她还对我大吼大叫,骂我纵容孩子"不依规定读书",因为斯坦贝克的《珍珠》是八年级读物,我却让他们在五年级阅读。嗯,其实听到这样充满智慧又得体的批评,想和对方吵架也难。

请包容我的冷嘲热讽,因为这太夸张了。老天,图书馆员在意的居然是业务方便,而不是孩子的阅读能力!当时的我还不够圆融,满腔怒火战胜了理性思考,经常回以尖酸刻薄的讽刺。现在回想起来,真是悔不当初! 还好我找到值得仿效的模范,碰到类似状况时能以成熟的态度怡然面对,这是后话。

如果你是追求完美的初任教师,应该看出端倪:不管出发点再好,总有人扯后腿。对于教学和备课,当然必须全力以赴;除此之外,还要有余力铲除教学障碍。如果你调到教育环境一流的学校,学区主管力挺优良教师,只能说三生有幸。如果教育主管念念不忘的是经费、政治以及权力,让优良教师郁闷心烦,也不必太讶异。新进的同仁们,准备应战吧! 否则几年过后只得和其他老师一起数日子等退休了。

残酷的事实

在家长看来,教育的残酷更让他们不堪。家长这么信任校方,还痴痴地认为自己的孩子碰到一群充满理念的教育家。在此呼吁各位家长,世界上就是有不合适的教师,请大家多多参与学校的运作。以下就是活生生的实例。

教育的环境显然不尽如人意。如果要归纳阅读教育失败的原因,主因就是学校聘请能力不足的教师。大型市区学校每年都出现教师荒,最后校方饥不择食,似乎是活人就可以为人师。许多教师每天累得筋疲力尽,但是做牛做马不见得可以帮助学生,到头来可能徒劳无功。

老实说,当个顶尖老师并不容易,至少头脑必须灵光。以小学来说吧,你不但要懂文学和数学,科学、历史和艺术也要有所涉猎,更要有本事扮演社工人员或心理咨询师,真是十八般武艺样样都要会。但问题出在校方聘用的教师当中,有多少人合乎这样严苛的条件?受苦受难的不只是学生,家长同样蒙受其害。

我在教育园地耕耘好几年,渐渐得到国人的认可,好奇的老师从各地涌来,大家都想瞧瞧本班的教学演示。有一次,两位外地的五年级老师莅临本班,他们俩劈头就说学生痛恨阅读。他们耳闻本班同学爱好文艺,特地远道而来取经,足足陪着我们一个星期,当时本班正在研读斯坦贝克的《人鼠之间》。

学生的表现可圈可点,他们完全掌握了角色的特质。《人鼠之间》有几个角色,全都是社会边缘人。结局以悲剧收场,学生们无不动容,为书中人物痛哭流涕。最后他们以丰富的情感写出心得报告,星期五上台分享书中情节。当天晚上,我替两位远道而来的客人饯行,以下就是我们聊天的内容。

雷　夫：感谢两位花了七天的时间，也希望你们这次不会
　　　　空手而回。

教师甲：喔，我以后可能永远不碰这本书。

雷　夫：为什么？

教师甲：这本书有不少限制级的字眼。

雷　夫：例如？

教师甲：开头是"D"的字！

雷　夫："Dog"（狗）吗？

教师甲：你明知道我讲什么！就是"Damn"（该死）（这个人
　　　　突然压低音量）……

雷　夫：老实说，我觉得学生老早就听过脏话了，但是你的
　　　　建议值得参考。不过重点不应放在脏话上面。我
　　　　挑选自己爱好的文学，希望和孩子分享我的心得，
　　　　这样教起来比较有劲。你有没有喜爱的文学作
　　　　品？说来听听。

教师甲：嗯，我不喜欢阅读，看到书就讨厌。

　　当时我嘴里的意大利面差点喷出来。瞧，这就是事实。许
多老师根本是书本绝缘体，你怎能期待他们调教出阅读高手？
更糟的还在后头。

　　另一位到我教室观摩的教师，决定采用《人鼠之间》当阅读
教材，还回请我到他班上参观。这位年轻老师对五年级的孩子
解释，斯坦贝克创造出邪恶的角色，还说现实生活如有这样的
人，真该下十八层地狱。我听了差点昏倒！以上纯属真实，绝无
虚构。下课后我找这位仁兄聊聊，试着以最和缓的语气沟通，

希望他了解斯坦贝克的原意。"我没有教错!"他狠狠瞪着我，"我的看法就是这样。"

这样的人依然照领工资,安安稳稳当他的太平老师,想想真是不寒而栗! 我不敢想象,这位教师分享《安妮日记》(The Diary of Ann Frank)的时候,会讲出怎样的惊人之语。亲爱的家长们,还是多关心学校的风声吧! 万一孩子"遇师不淑",纵然使不上力,至少你们可以通过家庭教育做些弥补。这虽然对诚实纳税的家长并不公平,但是借着在家陪读的机会,孩子的阅读功力肯定大增。

不过也不必气馁,我们还是有机会培养出嗜书如命的孩子。

介绍完阅读教育的恐怖老师,现在我会和你们分享一些相关的行政人员,看他们是如何戕害学生的阅读乐趣。

多一事不如少一事?

每隔几年,学区官僚们的官瘾总要发作。以我们洛杉矶地区来说,各项检测分数真是低得离谱。上级长官想出变化之道,那就是补助阅读教材,例如"基础阅读教材"。这是一套程度浅显的初级读物,配有详尽的教师指引。课程内容十分僵化教条,老师必须照本宣科,搞到最后每间教室都张贴一样的海报,学生必须保持一致的进度。这样说来,每个学校的五年级学生岂不程度相同? 学区每位学生接受相同的阅读教材,依循相同的进度,上级长官想到就来验收成果,看看阅读的理解力和速度是否改善。

我曾遇见尚有教育理念的行政人员,他们也认为这套教材有其缺失。他们都晓得，单一的观念大错特错，教学现场需要因材施教。不过在资历尚浅的教师眼中，教案详细的基础阅读教材就如同是及时雨，行政人员也总是这样安慰大家。这使得平常远离书本的教师，为了个人的专业尊严，不得不和学生共同研读基础阅读教材，免得检测成绩见不得人。

行政人员这样切入，倒也不是全无道理。糟的是上级单位采取鸵鸟心态，配发出基础阅读教材这样的东西，而大家也总有一套说辞："孩子不爱念书，老师不够专业，制度不够完美，课外读物总能提高检测分数。"如果你赞成以上说法也无妨，但是我不赞成。我希望孩子能够欣赏黑人民权领袖马尔科姆（Malcolm X）和亚历克斯·哈利（Alex Haley）合著的大作，而不仅是在电影《马尔科姆传》上演后赶赶流行，争相购买印着马尔科姆头像的运动衫，却不晓得马尔科姆是谁！所以光靠基础阅读教材，孩子的文学素养肯定不会太高。

基础阅读教材最后一项让人不满的效应，就是占用大好晨光。教师必须花两个半小时进行阅读教育，把社会课和自然课通通挤掉。这时大家都站在同一阵线：检测只考阅读和数学，其他科目都免了，反正不会影响检测分数。如此不仅无法指导阅读程度低落的孩子，更剥夺了他们学习自然、地理以及历史的机会。

我的朋友，情况还不到无可救药的地步。你总会碰到爱好阅读的学生，他们会要求以书本当成圣诞节或生日礼物。毕竟我不是神仙，无法解决所有的教育问题。如果想让孩子看到图书馆就像看到游乐场，不妨参考以下几项有限的经验。

挑选自己喜爱的文学名著

陪着孩子阅读老师最爱的图书,让他们感染老师的热诚。请记住:阅读教育的目标是培养读书乐趣,书本再精彩都不如大人的热情,在家指导孩子看书也是如此。我认识许多尽责的家长,他们在孩子小时候大量陪读,可是孩子上学后就把责任丢给老师。他们天真地认为,学校会传授全套的阅读技巧,这真是一厢情愿的想法。

我个人则爱好文艺,特别心仪马克·吐温、斯坦贝克、莎士比亚、理查·赖特、乔治·奥威尔以及狄更斯等名家,我总是挑出他们的传世之作和五年级学生分享。当然了,你不一定非要见贤思齐,也在课堂上导读《动物农场》。我有个同事特别喜欢刘易斯的《纳尼亚传奇》,并依照故事情节设计有趣的教学活动,他班上的学生个个都是阅读高手。

许多老师的确把文学引进课堂,却叫孩子"回家念第十章"或是"读完今天还没完成的内容",而所读的名著内容往往艰涩难懂,这种偷懒的策略肯定无效。有些学生会自动自发读书,但是有些回家就把书本丢一边,从此成为文学绝缘体。身为人师的你,理当负责调动学生的阅读兴趣,逐步引导他们进入阅读的殿堂。

我的教室没有办公桌,我喜欢站着讲课,激发学生的阅读兴趣。我欣赏亨利五世的气魄,他在敌军压境之际发表动人的演说,激励弟兄们以寡击众(注:莎士比亚《亨利五世》的情节)。我在上课之前,总要花几个小时备课,哪些段落需要高声朗诵,哪些段落可以让学生自行阅读,都需要事先精心规划。我晓得哪位学生有能力理解艰深的内容,并且挑出浅显的内容给能力稍差的学生阅读,让他们也在文学旅途中找到成功的喜悦。全班就像交响乐团,我手拿指挥棒,根据乐器特质规划整合,让整体发出和谐悦耳的天籁。我知道有时要稍事停顿,提出问题考验学生的专注力。阅读课其实没有想象中的轻松,但看着年轻的心灵跟随文学经典起伏,并且人人求书若渴,所有的疲惫都烟消云散。而教书的乐趣莫过于阅读,例如读到:默默赞助皮普的善人竟是马格维奇,他们赞叹(注:狄更斯《远大前程》的情节);吉姆躲在木桶后面偷听海盗头子锡佛谈话,他们窃笑(注:史蒂文森《金银岛》的情节);乔治杀死雷尼,他们啜泣(注:斯坦贝克《人鼠之间》的情节);汤姆设下诡计让邻居心甘情愿为他工作,他们大笑(注:马克·吐温《汤姆·索亚历险记》的情节);芬奇律师平静地离开法庭,他们静默(注:哈珀·李《杀死一只知更鸟》的情节)。这些场景常绕我心,时时激励我再接再厉,丰富孩子的人生旅程。

孩子一踏出教室,外界诱惑排山倒海而来,让他们失去追求完美的动力。不管是电玩游戏、电视节目或是网络,商人总是精心包装,引诱孩子远离正途。商人关心钱包,我们关心教育。孩子亟需我们的引导,成为终生阅读的全人。

家长可以自行规划阅读教育。如果你打算和孩子共读《詹姆斯与大仙桃》(James and the Giant Peach),不妨准备两本,你读一段,他读一段,然后交换心得。就算孩子有能力独自阅读,和亲人分享的点点滴滴,也会有助于提升他们的阅读技巧,让他们成为正直的人。遗憾的是,学校教育竟然缺少这样要紧的过程。不管孩子碰到怎样的老师,有心的家长可以自行加强阅读教育,让孩子成为爱书人。社会弥漫着"得过且过"的因循心态,这会剥夺孩子阅读的权利和乐趣,你的时间和精力就是最佳的反制武器。

如果你是新手教师,不要让外界压力或政治因素干扰班上的阅读进度,切记切记！刚到"丛林"的时候,有位宗教狂热分子带几个家长进入班级。他听说学生正在研读《安妮日记》,警告我这本书有宗教争议。他还交给我一张清单,开出所有学生不宜的"禁书"。没想到,这份清单正是本班整学年需要的文学经典。以下就是我替五年级学生规划的书单:

＊斯坦贝克的《人鼠之间》

＊马克·吐温的《汤姆·索亚历险记》(The Adventures of Tom Sawyer)

＊马克·吐温的《哈克贝利·费恩历险记》(The Adventures of Huckleberry Finn)

＊马尔科姆口述、亚历克斯·哈利撰写的《马尔科姆传》(The Autobiography of Malcolm)

＊理查·赖特的《原乡》(Native Son)

＊谭恩美(Amy Tan)的《喜福会》(The Joy Luck Club)

＊迪·布朗(Dee Brown)的《魂断伤膝涧》(Bury My Heart at Wounded Knee)

＊史蒂文森(Robert Louis Stevenson)的《金银岛》(Treasure Island)

我们共读《金银岛》的同时,还在课堂上规划一整天的寻宝探险。那天学生身穿海盗装,必须依据天书般的线索,在校园建筑中寻寻觅觅,设法找到藏宝图。好不容易找到藏宝图,又要根据指示挖出藏宝箱。箱内有什么宝? 就是下列几本名著。

＊狄更斯的《圣诞颂歌》(A Christmas Carol)

＊狄更斯的《远大前程》(Great Expectations)

＊埃利·维赛尔(Elie Wiesel)的《夜》(Night)

＊安妮·弗兰克(Anne Frank)的《安妮日记》(The Diary of a Young Girl)

＊哈珀·李(Harper Lee)的《杀死一只知更鸟》(To Kill a Mockingbird)

＊塞林格(J. D. Salinger)的《麦田里的守望者》(The Catcher in the Rye)

＊约翰·诺斯(John Knowles)的《另一个和平》(A Separate Peace)

＊托尔金(J. R. R. Tolkien)的《霍比特人》(The Hobbit)

而如果你是备感压力的新老师,非得借助配发的阅读教材,那就用吧。初任教师总要站稳脚步,在教育界生存下来。然而,一旦站稳脚步,是不是该在班上成立文学俱乐部,引导孩子欣赏经典之作呢? 这就要看你的学生,如果他们愿意课后留校,你就可以拿出你最钟爱的文学作品,带领他们进入大师的世界。如果中午能和学生一起用餐,这样又可以额外抽出时间指导阅读。如此一来,顶头上司不会皱眉头,受益的又是学生。没错,教书是苦差事,但是成果却是甜美的,因为你丰富了孩子的一生。

我班上的孩子读过大量文学名著,可是许多老师百思不解:这时间是从哪来的? 事实上,我们从不碰配发阅读教材,时间就是这样得来的。

请问各位教育同行,是否浏览过配发教材中要完成的任务? 如果老师当仁不让,甘愿身先士卒提升孩子的文学修养,那就更没理由采用深度不足的教材。在孩子发展阅读嗜好的过程中,我当然不想缺席,因此自告奋勇站出来。

当过老师的人,一定有过以下经验:待会又要集合了,学校交响乐团或合唱团要演练了;有些课程被迫取消,因为学生要准备星期天的活动。原本预计的课程,被大小杂事切割得支离破碎。这些杂事是学校事务的一部分,说来也算重要,但是没有阅读重要。

绝对不要取消阅读时间。我可以取消一天当中所有行程,唯独阅读例外。我要学生晓得:阅读能力的好坏,是往后成功与否的关键。

现今教育界中,不乏工作认真、立意良好的人士。以行政的角度来看,他们推行的活动新鲜有趣。但是在此我要提醒诸位教师,请当心在学校里的举动,注意政治意味浓厚的活动,以下就是一例。

本校有许多韩裔学生,每年校方总会替他们举办文化活动,一办好几天。家长、韩裔教师花许多时间绘图、准备旗帜、游行,这当然是意义深远的活动。可是大家都忽略了一个事实:许多参加活动的学生,不但英文差,韩文也不流利!

学校为了推广多元文化的价值观(理当如此),却模糊了主

47

要的教育目标。教育主管总想讨好每个人,每种活动都插手,但时间是有限的,最后学生样样都学,样样不精。重视祖先的文化当然没错,否则韩裔学生不会利用周末假期特地学韩语。同样的道理,我的拉丁裔学生也会参与一些活动,借此认识萨尔瓦多的历史,并参加传统节庆游行。公立学校负起文化传承的使命,当然是出于善意,不过问题还是老样子:学生的时间有限,过多的课外活动偏离主要的教育目标。我们必须把时间和资源花在刀刃上,把教育办到精致的程度。孩子的阅读程度低,原因不在能力,而是我们没有经常陪伴他们阅读。另外阅读教育的密集程度也不够,不足以发展为良好的习惯。

游行和节庆都能培养孩子的自尊,这些我都晓得。但是没有技术当后盾的自尊,充其量只是好看的空壳而已。我希望有朝一日,学生都有机会上一流大学。如果学生有幸到斯坦福大学面试,主考官在意的是扎实的阅读能力,还是绚丽的花拳绣腿?两者都不错,不过凡事总有优先顺序。

我和学生每天都读书。这如同给我一本发人深省的好书,而我给孩子的,则是一个货真价实的自尊。

阅读和实际生活相结合

我热爱阅读,学生受我影响,也变成嗜书如命的小书虫。除此之外,我还设计和阅读相关的活动。全班刚读完莎翁名剧《理查三世》(Richard Ⅲ),我立刻带他们欣赏舞台剧明星伊恩·麦克莱恩(注:Ian McKellen,英国演员,曾饰演《魔戒》中的甘道夫)的巡回演出;学生读完《哈姆雷特》(Halmet),接着去看肯尼斯·布拉纳(注:Kenneth Branagh,爱尔兰籍演员,曾出演《哈利·波特》)主演的电影。喜欢《哈利·波特》系列的老师,不妨安排户外教学,带领全班到电影院上课,说不定会碰到我们班的人正等着看《魔戒》! 为何这样说? 因为我和学生都是托尔金的铁杆读者!

　　切记:"成功没有捷径。"有些老师确实引入了文学经典,可惜缺少深化的活动,学生还是不懂经典何以为经典。我们班读《哈克贝利·费恩历险记》的时候,我会告诉学生,哈克的冒险过程就是我们的人生之旅。当哈克说"我不入地狱,谁入地狱"的时候,学生们潸然泪下。我把文学中的情境导入实际生活,孩子们当然感同身受。很多老师只是根据上级开列的书单上课,他们尚未掌握书本的精髓,也不清楚书本的布局和情境。最近有个毕业生回来看我,大家聊到七年级的英国文学课程。他们的老师导读莎翁的《仲夏夜之梦》,把仙后缇塔妮亚(Titania)的芳名误念为"太塔妮亚"(Tytania)。我的学生举手纠正,老师却没有雅量接受。我的学生提醒老师剧中的波顿(Bottom)和匹拉麦斯(Pyramus)根本就是同一人,理应由同一位学生担纲,结果老师干脆收回剧本,取消莎翁名剧的单元。而另一群毕业生在八年级的时候,读到名剧《萨勒姆的女巫》(The Crucible)。虽然他们就读明星高中,老师却没解释剧中宗教迫害的历史背景,更没提到作者阿瑟·米勒(Arthur Miller)在当时时局下的状况。老师只是告诉大家"这是一出名著",如此而已。

　　身为老师或家长的你,一定要设计更深化的活动。如果你对孩子的阅读能力有殷切的期待,务必身体力行,以身作则。所谓"师父领进门",老师自己要当个专业的师父,把阅读课变得生动活泼、挑战性十足；更重要的，还要想办法结合实际生活。

人生讲究均衡。如果你的生活除了教书还是教书，不妨立下雄心办好阅读教育吧。

第四章

坚持走自己的路

你的坚持是什么？父亲告诫我：无所坚持的人，肯定一事无成。最顶尖的教师，碰到紧要关头总有些脾气，他们有几项不可妥协的坚持。

旅鼠是小型的啮齿动物，据说这种群聚性的动物天生盲从，甚至盲从到跟随同伴掉落悬崖，只能用前仆后继来形容。遗憾的是，教师面对行政压力时，反应竟跟旅鼠没有两样。如果行政命令不公平或愚不可及，教师除了抱怨连连之外，最后也只能唯唯诺诺。而我呢，虽然身为五年级导师，但是绝不像五年级学生那么好骗。如果你想当个卓越的好老师，必要时必须挺身而出，甚至激怒上级也在所不惜。在无伤大雅的情况下，我倒是愿意配合演出、顾全大局。但是碰到下列状况，我会坚守阵地，绝不退让。年轻的同仁应该以高效能的教师自许，紧要关头时要拿出教育工作者的风骨，必要时寸步不让。

〜〜〜让孩子站在同一起跑线前 〜〜〜

就读洛杉矶西区私立学校的学生，万一功课落后的话，家长都会另请家教。这在经济弱势的家庭看来，简直就像天方夜谭，他们甚至穷到无法参与学校举办的辅导班。我为了弥补贫富造成的鸿沟，不惜利用假期或课后时间给学生上课，希望他们的学业迎头赶上。篮球明星魔术师约翰逊就是最佳实例。

约翰逊除了技高一筹之外，更是投注大量的时间和精力，才赢得"篮坛魔术师"的封号。他以纪律和努力来精进球技，成功绝非偶然。

照常人看来，美国应该是机会均等的乐土。但是话说回来，穷人家的孩子有这么幸运吗？答案是 No。许多孩子天赋优异，可惜来自贫民窟，他们的家人可能吸毒、酗酒，或者有情绪障碍的问题。有些孩子根本没爹没娘，由亲戚或朋友抚养。他们的监护人可能不会英语，他们的兄姐可能早就沦落帮派。身为小学教师的我，如何替这群孩子找到公平的同一个起跑线？如果他们同意"成功无捷径"这句箴言，那么，同一起跑线就在眼前。

我设计出类似新兵训练中心的课程表，早上六点半到下午五点按表上课。碰到学校例行假日，学生照样到校。如果是周末下午，我家就是教室。按照学校规定，一年约有十六周假期，其实这是延续农业社会的生活模式，因为学生必须回家务农。而我的学生没田可种，暑假没有地方度假、没钱参加营队或课外活动。我的教室虽然只是小小斗室，但学生必须在教室和街头之间抉择。如果他们选择教室，就有机会赶上富家子弟。那我有没有额外津贴？当然没有了。碰到社会的不平，总要有人挺身而出。希望有朝一日，高喊教育至上的政治人物恍然大悟，了解提升数学和阅读能力又不缩减自然、历史、艺术、音乐等课程的方式，就是延长上课时数。我是"成功无捷径"的拥护者，也晓得上级单位毫无教育概念，因此设计出五年级的日课表：

早上 6：30　学生到校

数学团队时间（解题技巧、空间关系、心算、估算）

早上 8:00　　写作(英文文法)

早上 8:30　　数学

早上 9:30　　文学

早上 10:30　美国史

早上 11:00　下课(学生可以待在教室学吉他)

早上 11:20　自然

中午 12:00　世界地理和经济学

下午 12:30　午餐(学生可以继续吉他课程)

下午 1:20　　美术

下午 2:20　　体育

下午 2:58　　放学(别班学生)

下午 3:00　　莎士比亚导读

下午 4:00　　自修(学生可以回家或继续留校)

下午 6:00　　离校

教师当然不需非得如此,但是延长上课时间不仅提供额外的学习机会,还别有深意:教师等于以身作则,示范学校存在的价值。如此一来,学生懂得学校就是提供学习的场所,踏入校门等于掌握更好的未来。没错,学习是辛苦的。但是辛苦的课程配上教师的关怀和幽默,就能引发无穷无尽的学习意愿,成就未来成功的喜悦。

其他班级大约早上八点到校,下午三点放学,我的学生在校时间硬是多了三个小时,这还不包括假期上课时间。其他学生每年数学学习时间约一百五十小时,我的学生超过四百小时;其他学生每年阅读课最多两百小时,我的学生超过五百小时。就算你没有教育大师皮亚杰（Piaget）的专业，也可以想象出能有什么样的成果。

UCLA篮球校队教练伍登（John Wooden）有句名言："学习的四个程序就是解释、示范、模仿以及重复。我希望球员处于极大的压力下，仍可以本能性地执行这些程序。而我更加落实学习成果，变成八道程序，那就是解释、示范、模仿、重复、重复、重复、重复再重复。"

另外，有个令人印象深刻的经验，让我加深了这个信念。那是在一九九二年时，我一如往常，带着全班畅游迪士尼乐园。我把户外教学当成课程的延伸，而不只是吃吃喝喝、参观童话世界而已。学生们在迪士尼玩了两天，晚上都待在旅馆。他们学着规划预算、付账，甚至安排用餐地点及睡觉时间。迪士尼之旅只是暖身活动，他们以后还要到更远的地方旅行。户外教学真是价值连城的体验。

两天的户外活动，玩了六十项游乐设施，孩子们身心俱疲，但是带着快乐满足离开。我们分乘一辆旅行车和几辆小车，返回三十里远的洛杉矶。我们车队刚下圣摩尼加高速公路，突然被一群暴民攻击，这时离家只剩几里之遥，天晓得会发生什么事！在迪士尼的两天，我们根本与世隔绝，不晓得外界的新闻。原来黑人计程车司机金恩被警察施以刑罚，结果涉案人员居然无罪开释。此举不仅引起黑白种族的紧张气氛，甚至此时看来即将酿成暴动。群众的怒气无处发泄，紧张的气氛一触即发。我们的车队在人群中穿梭而行，孩子们都躺在车子底板不动，最后，幸好全部都平安返家。当时学生还在放长假，但第二天依然全体到校，继续练习解题技巧并研读《马尔科姆传》。在种族冲突之

际,学生恰好读到这本种族问题的经典之作。此时邻近街道已
受波及,更增添几许紧张诡异的气氛,这倒是我始料所未及。

这天早上七点钟,学生们准时到图书馆集合,因为不同年
级的学生正使用本班教室。学校几乎空无一人,许多家长已经
替学生请假;不只是学生,大部分的行政人员都待在家里。到
了早上十点,已经有人放话,说晚上附近街道就会被人纵火,此
刻大家争相撤离校园。我听到这样的流言,还是让学生继续练
习解题技巧。我从来不是"正常"的老师!

最后有个学生探头远望,告诉我隔街建筑物已经起火燃
烧。他想知道是不是该离开图书馆了,因为学校已经变成废
墟。"马同学,数学是重要的科目。成功无捷径,记得吗?"我这
样告诉他。马同学立刻回嘴:"是呀,你说的没错,雷夫老师。
我已经在找离开学校的捷径啦!"后来,学生全数离开图书馆。
我想今天大家的数学都有进步了,因为在千钧一发之际,学生
居然发掘这句箴言的其他妙用!

我有高标准的期望

许多老师降低期望值,让每个学生低空飞过,皆大欢喜。
有个学生告诉我,他的中学教师跳过书本,直接让学生欣赏电
影版名著。电影当然是不错的教学媒体,但绝不是教学主体。
难道每件事非缩水不可?美术老师要介绍莫奈名画,难道学生
只要随便涂鸦,就能明了印象派的精髓吗?当然不是。我们要
指引一条明路,让学生接近莫奈的心灵深处。

公立学校的标准真是低得可怜。行政人员正在改写历史,
他们降低标准,低到学生恰好掠过。阅读检测的成果出炉了,

本校大肆庆祝。我们的平均分数还比国家标准低了二十分,这样也要庆祝!去年分数更惨,而今年多个一两分就让教师欢欣鼓舞了。当然,正面思考和乐观进取总是好事,但是自吹自擂绝非治本之道。等到学生踏入社会找不到工作,这群老师使得上力吗?

阅读教育不算高深的学问。如果教师坚信学生有能力达成任务,而且对学生怀抱高标准的期待,教育就成功了。我的学生都能在期末参与莎翁舞台剧,原因无他:我相信他们有能力。学生晓得上一届的学长办得到,我也向学生解释办到的方法,并以身作则。等到学生看懂第一页,他们立刻找到信心,给自己高度的期许。但是许多教学现场却让人遗憾:老师摆明了认定学生"不懂数学或文学",直接给学生宣判。其实很多老师不知道,他们这么做,无非是在对自己的能力做宣判,而不是学生的程度。我的五年级学生不用看谱,能够演奏完整的维瓦尔第(Vivaldi)协奏曲,听众叹为观止。做老师的倒不讶异,因为这正是我的期望。

总要有人提高学生的成就标准,这人就是老师。如果本校的五年级学生以一年级的读物为满足,将永远无法赶上市区另一头的学生。那些天之骄子不但成绩优异,家里都有父母细心照顾,还有私人家教伴读。总要有人告诉学生现实的残酷,然后施以计划,尽快让他们迎头赶上。如果非要留校或延长上课时数,那就放手一搏吧,不要再拖了。我有些学生刚移民美国或者家境困难,他们都有本领成为一流的学生,能力不亚于市区另一头的幸运儿。如果我没有这样的期许,孩子只好原地踏步。他们需要大人的支持。我经常激励学生向上,每天都告诉他们:老师不比你们聪明,只是经验稍多罢了。我经常提醒他们:瞧,靠着大家的努力用功,以前艰难的作业,现在不就简单多了吗? 我对学生充满信心,他们从此自重自信。

如果老师鼓励学生发掘探索,就要让他们面对现实,亲身体验,而不是万事呵护。这就像我从来不让学生阅读精简版的《哈姆雷特》。哥伦比亚广播公司的评论员奥斯古(Charles Os-good)送我一首打油诗,最能表达我不想苟且教学的心境:

还好

还好的学生待在还好的教室。

老师还好,学生的成绩也还好。

解题技巧也好阅读能力也好,

学生的表现差强人意。

还好的教育,

引导学生走向还好的未来。

学生梦想功课更好,

但总觉得课程无聊。

作文课让他们退怯,

老师不在乎拼字正确。

加减乘除基本运算,

还好就可以蒙混过关。

五加五不一定都是十,

答案是九又不会死。

班级还好,学校也还好。

整个国家庸碌平凡，
学生就是最佳示范。

功课还好的莘莘学子，
成为还好的社会新鲜人。
他们求职的愿望不高，
却发现履历不够好。

他们恍然大悟，
原来现实如此残酷。
这才开始怀疑，
"还好"只是一团迷雾。

许多还好的小镇，
组成还好的国家。
国民的志向还好，
只能替还好的命运祈祷。

很久以前，
地图上有个还好的国家，
国民以荣耀的传统自豪。
后来国民头脑开窍，
发现还好不足以维持荣耀，
可惜岁月已老。
还好，其实一点都不好！

上课不谈宗教

星期五下午,教室洋溢着轻松快乐的气氛。学生努力用功了整个礼拜,希望周末早晨可以偷懒一下,下午再到我家排练音乐,这群孩子真是喜欢音乐。

大家都很开心,但是唯独小艾摆张苦瓜脸。下课时间到了,孩子们不是收拾书包准备回家,就是趁着太阳还没下山打打棒球。小艾留在教室,默默帮我打扫收拾。"怎么啦?"我问他为什么不和同学一起到外面玩。

"他们根本不在球场……"他郁郁寡欢地说。

我这才想起,原来小艾的朋友都有活动! 前任老师邀请大家参加"假日《圣经》学校"。这位老师去年常在课堂上传道,宣扬个人的宗教理念。而小艾信奉"耶和华见证会",是老师眼中的异教徒。

其实在课堂上布道的老师大有人在,我相信他们都出于善意。而这位老师,平心而论,在专业上的表现也相当优异。但是这类充满宗教理念的老师,虽然不至于刻意排斥其他教派的学生,却常常在有意无意间伤害了幼小心灵而不自觉。

回想待在教育圈的岁月,小艾的例子并不稀奇,强力行销宗教的老师也比比皆是。像聪颖活泼的大卫,是个彻彻底底的无神论者,有些老师经常把史实和宗教混为一谈,而大卫就当场提出质疑,老是被那些老师训斥。他四年级的时候,老师认为艾滋病是上帝施与男同性恋的惩罚,大卫气得跳脚。这样的案例屡见不鲜。宗教和生活是一体的,这点大家都能理解。信仰是精神的支柱,老师喜欢和学生分享,宗教当然也在分享之列。

不过,我反对这种方式。原因很简单:宗教牵扯的层面太复杂了。学校大部分的老师笃信基督教(太多教师以耶稣之名行事,耶稣真忙),问题是本校许多学生来自印度教、佛教甚至是犹太教家庭。让学生见识其他信仰当然很好,多元文化本来就有其教育意义。只是老师邀请特定学生上教堂,摆明了是对被漏掉的学生示威:"老师的信仰最大!"怎样处理宗教问题最好? 我非圣贤,在此不敢置喙。我只好遵循开国元勋杰斐逊的精神,公开授课时不碰触宗教。这并不表示我的班级不重视品德教育;相反,待人处世正是班级经营的重点。我不会漏掉任何一个学生,我的班上没有所谓的异教徒。

我只用英语教学

我们这间学校属于大型公立学校,在家说英语的学生寥寥可数。许多一年级的孩子根本不懂英语,"双语教育"应运而生。然而,双语是个大问题,引发的争论不绝于耳。

我认识许多优秀的教师,持正反意见的都有。有些教师激进狂热:支持母语教学,他们说你是叛国贼;反对双语教学,也有人说你种族歧视。而我,还不至于如此极端。

孩子刚上学的时候,在校接触母语倒是情有可原,这是融入美国文化的渐进之道。让孩子自然而然接触两种语言,是双语教学的好处。不幸的是,劣质的教学和家庭环境当道,孩子非但无法融入美国文化,连母语也不流利。身为五年级班主任的我,经常教到英语程度欠佳的学生,他们在学校白白浪费四年光阴。如果他们毕业前还学不好英语,到了中学肯定赶不上市区另一头的学生。时下的社会鼓励多元文化,学生的英语好不好,大家似乎也不挑剔。这样的教育态度把学生置于万劫不复的境地,哪位老师忍心?

我会试想学生以后碰到的问题:英语不流利的学生,碰到大学入学考试怎么办? 这就是我坚持以英语授课的理由。

我鼓励他们在家多说母语。我认同学生的文化背景,鼓励他们成为口操双语的绅士或淑女。但是,我更不想剥夺他们的未来。根据多年的教书经验,几乎所有的移民都渴望下一代精通英语。移民的人吃过英语的苦头,他们晓得不说英语的下场就是找不到工作。

有些人士会说特定语言,能和特定族群的学生沟通,但学校居然也聘请他们当老师,这也是双语教育可悲之处。说穿了,双语老师连英语都讲不好,以致学校走廊竟然出现这样的标语"One day you can be a astronaught."("a"应该是"an";"astronaught"拼错了,应是"astronaut")、"I'ts important to read"("I'ts"应是"It's")或是"Look at our grammer work"("grammer"应是"grammar"),我的学生看了立刻哄堂大笑。这可不是我捏造的,荒唐的字句真的大模大样贴在公开场合! 我也相信本校绝非特例。我和孩子大笑之余,也不禁为教育制度叹息。所谓"名师出高徒",这样的老师如何调教出优异的学生呢?

英语绝非世间最棒的语言,但是协助孩子迎接未来,是我责无旁贷的义务。我晓得,英语流利的学生,已经掌握成功的先机。我们身在美国,英语的程度决定了职业的品质。

我按照理念教学

许多教育界人士依据经济或政治考虑行事。以教师职业研习会来说，主持人竟然不是顶尖的教师，而是出版社员工。想想看，五年级老师拿到新版数学课本，有必要花几个小时听书商演讲吗？很明显，书商脑子里想的可不是教育问题，而是销售量和利润。万一学校不采用他们的版本，那就没机会向老师洗脑了。有两个语文版本的业务员每天向我念叨，简直用紧迫盯人的方式强力推销。这两人都是离职教师，他们用各种方法说服我，就是没谈到重点，那就是如何增进孩子的阅读能力。去年期末国家检测的成绩出炉了，本班阅读成绩挤进整体的前列，而其他班级学生的成绩则远远落在后面。业务员当然有所耳闻，他们还有什么理由说服我呢？他们的吹嘘千篇一律，听起来真是无聊又让人恼火！其实业务员也有苦衷，他们必须取悦上级，上级又要取悦老板，老板上头还有大老板，那就是教育行政人员！每种新版教科书，总离不开促销的老套。试想看看：教学生九九乘法表，需要这么多教学法吗？数学不就是千古不变的真理吗？如果课本的内容复杂难懂，连寻常的五年级老师都一筹莫展，那么不是编排方式有问题，就是老师专业能力不足。书商如此干扰了正常的教学模式，而以创意和效能兼具的教师受害最深。这样说好了：如果要让学生精通加减乘除，校方应当另聘高明，而不是采用新版教科书。

　　某些教育人士有预设的政治立场，又会引发另一层次的问题。这些人有特定主张，居然禁止学生接触特定的书籍。在我班上，只要言之成理的想法，就有讨论的空间。例如，学生读到西部开拓史中的印第安战争，红云酋长（Red Cloud）和谢尔曼将军（General Sherman）的地位相同，我花了等量篇幅介绍这两位重量级人物。文学导读的时候，捍卫黑人权力的马尔科姆和主张种族优越的安·兰德(Any Rand)，我也花了同样的时间介绍两方的特色。教育工作者应当鼓励孩子批判思考，而非灌输个人偏好的观念。

几年前，我请某位老师到本班代课。他离开时留了一张纸条，对我的阅读教材大加批判。他倒是很喜欢我的学生，也欣赏我的课程计划，但是对墙上的马尔科姆相片相当不满。当时我们正读到这位黑人领袖的传记，但是代课老师却禁止学生阅读这本书，叫他们不如去看电视。他告诉学生：马尔科姆是个无赖，如果你们老师再看无赖的书，也会变成无赖！

隔一阵子他又到本校代课，这次他直奔本班，对我大吼大叫。我想尽办法安抚这位仁兄，向他解释我也不认同马尔科姆的某些观点，只是学生和我都欣赏他的文笔。我好好跟他解释说，在美国历史中，马尔科姆占有一席之地，这点黑人和白人都必须同意。我最后告诉他，学生以严谨的态度评断马尔科姆的论点，他们读完自传后，还有兴趣欣赏黑人导演斯派克(Spike Lee)的影集呢！代课老师终于平息怒火，还称赞我的理念和用心，不过他还是希望本班移除马尔科姆的照片，并且愿意赞助一百元美金给班上。

后来，这位代课老师真的是信守承诺，而我也从善如流，取下墙上的相片，用这笔钱帮每个学生购买《麦田里的守望者》。几个月后我又要请假了，他当然是代课的不二人选。可是等我隔天回到班上，一张纸条又在桌上了。什么事又惹到他了？马尔科姆先生不是被我请下墙壁了吗？仔细一看，原来是墙上多了革命领袖切·格瓦拉(Che Guevara)的大头照！

~~~~·~~~ 我不想浪费时间 ~~~·~~~

根据洛杉矶联合学区规定,整学年的授课天数只有一百六十三天。而这个不到三十二周的授课天数,还要东扣西扣。比方说,学期最后几天要用来开同乐会、大扫除;学期前几天要用来调整课程表或整理教室。这还不包括例行假日或其他无聊的活动,例如书商举办的教科书说明会。而对于奉行"成功无捷径"的本班,尽管上课天数硬是比"正常"班级多了一百天,还是觉得时间不够用,不够把学生提升到完美的境界。

在这样的体系下,"改革精进"宛如挥之不去的梦魇,老师疲于应付大小研习会议,学生的教育品质也堪虑。而碰到这样的会议,我总是能闪就闪,甚至溜班回来继续奋斗。

我并不排斥所有的会议。我也听过优异的教师分享教学经验,这样的研习的确很值得,但是可遇不可求……

几年前,学区特地设计三天研习会议,让老师全程参与。没有一所学校能够幸免,因为检测分数太丢人了。而我对这类会议总是消极抵制,顶头上司当然也晓得,于是这次便使出撒手锏逼我就范。上司警告我:如果这次再任性,薪水不仅停止发放,还有后续动作! 其实,我正打算利用这三天让全班共读《动物农场》,带他们看排球大赛并且共进晚餐,然后抽出六个小时训练解题技巧,并且完成自然课的水火箭。不过这下可好了,三天全毁。

第一天是研讨会,让教师晓得新版数学教科书的使用方法。才听了几分钟,我就知道大事不妙。书商告诉大家:本学年有三十周,新版教科书有三十二个单元,因此每周至少上完一个单元。天哪,开了十五里的车程,就只为了听这个?

数学研习会议原本从早上八点到下午两点半,但是不到十一点半该讲的都讲完了(中场还有半小时的休息)。主办单位放大伙吃中饭,十二点半以前回来。我提出质疑:讲师都上完课了,回来做什么?他们则告诉我,学区设定研讨会议程,门口有签名单和守卫,要确保每位教师都乖乖开完会。结果,我们真的按照时间回来,并且呆坐了两小时后才散会。

第二天是音乐研习,让老师融入音乐教学。如果你是新进教师,这当然是必学的技巧。问题是讲师太尽责了,居然花了一整天解释读谱的方法,只教大家用直笛吹出四个音符。我早在课程中融入音乐教育,每年本班总会举办两小时的演奏会,学生能用古典吉他演奏巴赫曲目,我干吗还在这里穷耗时间呢?我望着窗外蓝天,发现户外平静无风,不禁想着自然课的水火箭。

而最后一天,可以说是研习会最糟的一天。全体教师到电脑教室,学习网络的使用方式。我当然懂得上网,但是既来之则安之,多学点也无妨。没想到服务器居然罢工,全部电脑无法使用,教师只好三三两两闲话家常,我则利用午餐时间开溜大吉。

后来,去年这个时间,上级又规定同样的研习。不过这次我拒绝就范,薪水也真的被扣了一些,但是换来的时间却能让全班畅读奥威尔的名著。我们还参观艺术家霍克尼(David Hockney)的展览,揣摩大师的摄影方式,水火箭也在欢笑声中射向蓝天。

隔了一周,我被请进办公室,上司当然又训斥一顿。他说,接下来会有两天研习,若再开溜,后果自行负责。这次我没有抗辩,只是猛点头,心里暗自盘算:两天,可以插入阅读时间介绍安吉罗的作品哦。

第五章

工作和生活要平衡

注意！如果你是教学认真的新进教师，请竖起耳朵听好：
"教学认真"只表示付出很多，不见得让你成为优秀教师。这话
听起来伤人，却是肺腑之言，因为在下就是"血淋淋"的教训！
我以前名列全天下最认真的教师，却也是最鲁莽的笨老师，以
下就是我要和各位分享的亲身体验，让新进教师引以为戒。

　　但是请别误会，现在我还是全力以赴。不过当老师的头几
年，每天行程排得满当当。我初为人师的第四年，固定行程及
任务如下：

＊周一到周五，早上八点到下午三点是正常上课时间

＊早上六点半辅导到校学生演算数学

＊每天利用午休时间指导二十名学生弹吉他

＊放学后留校到下午五点，指导五十名学生排练莎士比亚
剧作

＊每周抽出三个晚上兼职，从下午五点半工作到半夜

＊每周抽出两个晚上兼职，从晚上十一点工作到清晨五点

＊利用每个假日辅导功课，从早上六点到下午五点（无薪）

＊赚取足够的经费，支付班级用品及户外教学开销

＊每学年抽出一周带学生到华盛顿特区旅游

＊带全班到俄勒冈和圣地亚哥参加"莎士比亚节"

稍微瞄一下以上活动，你会有个大问号：吉他和阅读书籍都需要钱呀！学生演出莎翁舞台剧，难道不要经费吗？怎么让学生人人一册莎翁名著？全班怎么到华盛顿特区旅行？难道雷夫老师家里开银行吗？

我对学生的付出，可能会引来一阵赞叹。但此时此刻我并不想出风头，只想告诉读者我有多傻（妻子说我"怪胎"）罢了。

热心有余，考虑不足

之前提到，"丛林"的种种做法让人义愤填膺，于是我下定决心有所作为。班级每年需要上万美金的经费（光是"莎士比亚节"就花去美金五千元），这点我心知肚明。我常请学生吃大餐，保证每个学生都有生日礼物。圣诞节前夕，我挨家挨户把礼物放在学生家门口。我还花几千元购置运动器材和美术用品，只因为这些在"天堂"理所当然的教具，到了"丛林"却变成奢侈品。

老师薪水微薄，我只好兼职。放学后，我到快递公司打工，大街小巷分送包裹；我还接触餐饮业呢。有一年，我利用周末到冰淇淋店工作：早上五点起床，开车到几十家超市协助店家规划冷冻食品的贩售（路程超过一百里），接着到熟食店打工。这还不是最糟的状况，我最怕的是当摇滚演唱会的接待员。我必须站在男厕前面，确保歌迷不会闹事，而嗑药的歌迷往往到处呕吐，有时还吐在我身上。回想那段黑暗岁月，有时送完快递还要接着上大夜班当送报生，好不容易回家冲个澡，已经清晨五点半了，随即又要赶到学校辅导学生数学。即使这样努力挣钱，还是捉襟见肘。有时非得掏出信用卡，最后自己变成卡奴。

我的教室应有尽有,但是最大的花费还是户外旅游。我们每年都到华盛顿特区,还到邻近地点四处游览。许多学校大概花三到四天参观华府,本班畅游十二天。我们每年还参加圣地亚哥"莎士比亚节"和俄勒冈"莎士比亚节"(位于亚士兰市),每次远行都花费不菲。我年收入约三万美金,但是教具和旅行的费用却远高于此。

在外人眼里,这些牺牲难能可贵,但我现在看来,却是热心有余,考虑不足。如果读者不是第一线的教育人员,很难想象老师为了提升教学品质常自掏腰包。我这样的拼命三郎当然不算"正常",但是甘愿掏钱的老师肯定不在少数,这点我敢拍胸脯保证。如果学校拨发足够预算,让有心的教师能够添购教具、实验用品、运动器材或是阅读书籍,就算功德无量了。

结果,我的债务问题日渐严重,信用卡早已刷爆,我要以战战兢兢的心情打开邮箱或接听催缴电话。拯救弱势学生是我的美梦,但是谁来救我? 我不敢奢望。渐渐地,我的健康情形每况愈下,太太(当时还是未婚妻)也忧心忡忡。如果哪一天我能睡足四小时,就要说声感谢上帝了。

而就在这段时间,刚好在我教书的第四年,屋漏偏逢连夜雨,我惟一代步的车子寿终正寝。修车师傅说,老爷车不值得大修,但我无力添购新车,于是只好把旧车当废铁卖了,兼职上班全靠两条腿和公车。我们家离"丛林"约三十里的距离,清晨三点十五分前必须从被窝爬起,接着搭三班公车才能赶在六点前到校。少了车子代步,就不可能兼职赚钱,这下囊中更加羞涩。人活到了这个地步,简直像行尸走肉,逻辑思考不再是生活的常态,连学生都替我担心。下午六点离开教室后,几个体贴的学生陪我走到站牌,如果正好搭上公车,就能在九点前回家。现在回想起来,当时我常常只睡两三个小时。

我还是有车一族的时候,从不晓得挤车的痛苦:乘客就像人球一般,沙丁鱼罐头还不足以形容车上的拥挤。有几次乘客呕吐,正好吐在我身上。而最美好的经历是居然有位子坐,但两旁的乘客竟是在讨论如何越狱。其中一个得意洋洋的说:"警察再也没办法用谋杀罪抓我了!"多么特别的经历!

周五晚上最糟糕,因为一周过来,体力完全耗尽,还得爬楼梯回家。周六早晨醒来,常常发现自己脸朝下趴卧在客厅,不但衣服没换,背包还在身上!周六之前,我的头脑还算清醒,必须把握时间设计下周教案,批阅堆积如山的作业。我必须赶紧改完作业,搭上公车赶往熟食店打工。芭芭拉也注意到我的疲累,因为我的脸色发青。

热情后遗症

回首过去,真有今是昨非之感。我虽然出于好意,到头来却是愚不可及,因为耗费体力的下场,就是教学成效大打折扣。换句话说,如果我避免堂吉诃德式的愚勇,将会成为更棒的老师。有几次因为太累太倦,倒霉的反而是自己的学生。电影《生活多美好》(It's a Wonderful Life)的男主角乔治·巴利(George Bailey)心力交瘁对着孩子大吼大叫,把孩子都吓坏的场景让我想到:我和男主角的行为不是如出一辙吗?许多次我也情绪失控,对着孩子厉声怒斥,但老师本来是温和体贴的啊。没办法,我实在累坏了。

毕竟,承认自己的愚行也需要点勇气,因此好几次身体出现警报,有些症状就像霓虹灯那么显著,我也总是视而不见。我把所有精力都投注在教学上面,对自己的身体麻木不仁,甚至对自己的四个孩子也一样不闻不问。这四个孩子是芭芭拉和前夫所生的,和他们的母亲一样善解人意,包容我对教学全心全力的投入。他们是上帝给予的恩赐。

有一年,我同时担任五年级和六年级的班主任。学生的表现可圈可点,我也利用打工兼职赚足了钱,可以带两个班的学生去旅行露营。本校整年都有学生上课,这批学生停课是在四月三十日,五月一日开始放长假,而我的新学年则从六月一日开始。

学生刚好分成五年级和六年级两批,每批十五人。两批人马都在优胜美地国家公园以及美洲杉国家公园露营,最后以激流泛舟结束行程。五年级的行程比较轻松,他们要在沙加缅度以下的美洲河泛舟,途经黄金之乡。这段行程为期两周,预计周五晚上回到洛杉矶。隔天是周六,早上还可以替以前的学生复习功课,下午六年级学生正好接着出发。六年级的行程就刺激了:他们要克服湍急的麦瑟德河(优胜美地以下的河段),徒步远足的路段也比较难行。够疯狂吧?我太太早该把我锁在家里!

然而,等到行程全部敲定,也预缴费用给营地和泛舟公司(无法退费哦)时,我突然接到梅普·吉斯(Miep Gies)要来本班访问的大消息。吉斯老太太的来头可大了,第二次世界大战期间,就是这位女英雄保护安妮·弗兰克全家长达两年,并且找到安妮的日记,替世人留下纳粹荼毒无辜的见证。安妮的父亲奥图(Otto)从集中营死里逃生,也是由吉斯照顾到痊愈。我的学生和这位女英雄通信数年，终于等到本尊莅临。在身为人师的我看来，还会有什么教学资源比这个更棒的？对此，不管是毕业生或在校生，大家都兴奋不已。

吉斯老太太预计周六早上来访，当天下午六年级学生就要整装出发。我想邀请各界人士光临，让学生以歌曲和礼物迎接贵宾，这也表示要投入更多准备工作。五年级学生大约在周五晚间十点回来，晚上应该有时间让我熬夜筹划。然而就在此时，洛杉矶有群教师邀请我分享教学心得，时间就在周六下午，钟点费两百美金。我急需要钱，当下一口就答应了。毕竟我需要钱去付学生的旅游盘缠，我的孩子也都上大学了，账单多到吓人——没钱真是万万不能。

后来，五年级的行程顺利结束，但是回程时却遇到大事故，通往洛杉矶的高速公路大塞车，拖到隔天清晨四点我们一伙人才到家。但紧接着，我要赶在五点到班上准备，因为吉斯和两百名学生会在八点准时出席。

当天，吉斯发表了感人的演说，与会学生和人士无不动容。而在早上十一点行程结束后，我又赶紧冲出会场到洛杉矶的另一头，这回主角换成我。我自认表现不错，也收到不错的酬劳。尽管我整个人累瘫了，但是心中的大石终于落下，可以赶在下午两点抵达校门，和早已等候多时的十五名六年级学生会合。当天晚上，我们一伙人就能抵达美洲杉国家公园营地。

出发后六个小时，美艳的夕阳在群山间缓缓落下，我们置身在翁郁雄伟的美洲杉林地。我告诉学生，老师真的累坏了。我在狼吞虎咽吃完晚餐之后，央求学生让我睡个好觉，保证真正精彩的节目在隔天早上。学生也都很贴心，答应会自行上床睡觉,让我能好好睡上一觉。我还告诉他们,等老师补完觉,接着几晚会有烧不完的营火、唱不完的歌曲,还有讲不完的鬼故事。

可是,就在我的头碰到软绵绵的睡袋,正准备进入梦乡之际,突然听到学生兴奋地大叫:"下雪了!"这下非同小可,十五分钟之内大风雪即将来袭。我们必须赶忙拔营,冲进邻近的国家公园旅馆。接下来,学生整整打了十天的雪仗,大家都玩得相当尽兴。在这趟旅程结束后,学生还有三个月的长假等着他们,但是我隔天就得立刻面对新的班级。没想到,我竟然病倒了,接下来两个月不停地打喷嚏、咳嗽和呕吐。不用说读者也会明白,这个新的学年我并没有好的开始,幸好的是,课程慢慢上了轨道。可我还是暗自忖度:如果老师身体健康、精力充沛的话,学生该多么幸福!我虽然努力向前冲,但是过度操劳的结果只是事与愿违、事倍功半罢了。不过,我依然没有记取教训,两年后更糟的情况终于发生了。现在回想起来,当年的行为真是愚不可及,但是身陷泥淖的人总是越陷越深、无法自拔。芭芭拉好说歹说,我也总当作耳边风。

日子一天天过去,又到了期末远足的时刻。碰到这等大事,我自然不会让它马虎过去:行程规划、活动设计和学生安全,全都经过精心考虑。芭芭拉是护理人员,她也是我户外教学的最佳拍档,有她在就不用担心医护问题。不过这次她身体状况欠佳,心脏病复发,我只好带领十五名五年级学生上路。就算芭芭拉不在身边,我也不须提心吊胆,因为营地不但通过最高认证,现场还有许多露营老手和巡逻员。万一碰到突发状况,总是找得到人协助,更何况我自认是办活动的资深人士了。

77

　　我们在优胜美地国家公园露营几天，接着开往海岸方向，欣赏秀丽的蒙特里湾。抵达旧金山当晚，我突然出现严重的过敏反应，两只眼睛肿到睁不开，几乎无法呼吸。其实几天前早就不对劲，但我还是苦苦硬撑，以为休息一下就会痊愈。学生们全都吓坏了，我虽然一直安慰他们，但是很明显，这次非同小可。我不但无法呼吸，甚至开始咳血。我气喘吁吁，勉强交代几件注意事项后，让学生们保管我的信用卡，答应我全部会待在帐篷里，不得外出，然后我就自己到医院紧急就医。万一天亮前没回到营地，学生便自行找巡逻员协助，请巡逻员打电话给芭芭拉，请她来带领学生回家。幸好，我还有体力先找到巡逻员，他也答应会尽心尽力地陪着孩子。几年过后，这群学生告诉我，当晚大家不断对着流星许愿，祈求雷夫老师不要死。

　　就算情况危急，我这个人还是能够苦中作乐。我把车子开上高速公路，四周漆黑一片，大量鲜血从口中吐出，这时我才开始心里发毛，担心自己会不会命丧车中。我打开收音机，披头士的歌声响起，车里回荡着《感觉真好》(I Feel Fine)这首老歌。是呀，"感觉真好"，替生命的小插曲欢呼吧！

　　我在开了八里路之后，总算撑到医院急诊室，整个人也瘫在地上。医护人员架着我上床，才知道原来是我的气喘发作。医生让我的支气管舒张，直到清晨四点，我终于能够顺利呼吸。医生本来希望我留院二十四小时，警告我不得擅自乱跑，但是我还是偷偷爬出窗外，赶紧回到营地。尽管全身发软，我还是咬紧牙关撑完五天的行程。

　　回家后，芭芭拉把我骂到狗血淋头："雷夫，想想飞机上的状况。碰到紧急状况，机组人员一定先请你戴上氧气罩，这样才能照顾身旁的孩子。"这段话真像五雷轰顶，我恍然大悟。她说得没错，如果我的身体毁了，对谁都没好处。我必须是身心健全的大人，才有资格照顾小孩。经过这次教训，我终于"长大成人"了。

许多老师废寝忘食，把自己逼到崩溃的临界点，这样卖命就能赋予学生光明的未来吗？最近几年，我的神经还是每天紧绷，但是紧绷的程度缓和许多，已经从"疯人"恢复到"怪胎"了。成功又有智慧的老师，懂得在生活和教学中找到平衡点，我还没有这种修养，但是决定不买奖品给学生了，这不是教育的必要方法。如果我决定卖命，也要确定一切合乎教育的目标才行。

～～～•～～ 别急，用点智慧 ～～•～～～

去年六月空闲时，我依照往例带两批学生出游。其实只要用点智慧和经验，努力之余也可以兼顾身体，达到更好的效果。第一批是五年级学生，他们要到西部探险，行前已经研读南北战争后的印第安战争，甚至读完狄·布朗的经典名著《魂断伤膝涧》。我租了包车，带着四十五名学生横越南达科他州、蒙大拿州以及怀俄明州，让大家亲身走一趟北美印第安之旅。旅程的高潮是到南达科他州的奥加拉拉，凭吊印第安英雄红云的坟墓。我们何其幸运，居然碰到红云的曾曾曾曾孙女！我们从鲁什摩山出发，扛着背包走进大提顿山，学生永远记得这段绝无仅有的冒险。

我们最后从盐湖城搭机返抵洛杉矶，十三名高中生已在机场等候。他们是我教毕业的学生，过去四年利用每个周六下午努力准备大学测验，顺利升上十年级和十一年级，我要领着他们参观全美最顶尖的二十五所大学。这群孩子不仅成绩出众，更难得的是，每个都善解人意，都有资格享受这趟大学之旅。只要努力付出，就算普林斯顿和西北等名校，都不是遥不可及的梦想。

我在外面连续奔波三十六天，回家时当然累得七荤八素。而第一批学生早就翘首盼望，他们练了一整年的乐器，就是想在演奏会大显身手。最近两周我出门在外，他们一直在等我回来主持预演。这群孩子一如前几届学生，简直媲美专业的摇滚乐团，大家兴致高昂，摩拳擦掌想要奉上精彩的成果。他们将近一个月没碰乐器了，迫不及待要让乐音响起。再过九天，就是本班的年度演奏会。

我诚实地告诉他们，老师真的累坏了。于是我决定和芭芭拉独自出游，选一个从没到过的小镇，把手机关掉，忘掉教案，两人挑些"垃圾书籍"阅读，做些不足为外人道的蠢事，世界的命运暂时与我俩无关。

旅行后，我就像蓄满电力一样返家，心情轻松开朗，学生们当然也乐不可支。这场演奏会在两天后举行，我们还有些时间预演。演奏会当天，当幕布缓缓拉起，孩子们奏出震耳欲聋的音乐，那是斯汀的《Roxanne》——霎时，台下听众宛如触电一般，全部进入疯狂状态。孩子们真棒，这是有史以来最成功的演奏会。

"学生第一"，这是优秀老师一致的追求。在此也要奉劝各位，留些时间慰劳自己吧。有些老师豪情壮志，甚至"为学生牺牲"也在所不惜，我以前也是如此浪漫。现在想法不同了，因为精力充沛的老师总比光荣阵亡的老师有价值！

第六章
学生伤了你的心

在教书生涯中,失望和挫折不算什么,有时还需承担刻骨铭心的伤痛;付出越多,伤痛也往往越加倍。在这里,就让我告诉各位我的经验。

教学过程中本来就有许多懊恼,我自认都撑得住。无情的社会、狂傲的官僚、贫困的家庭还有懒散的同事,五花八门的绊脚石俯拾皆是,这些都在预期内。我有几个特别疼爱的学生,如果是他们造成的伤害,那就难以承受了。

〰〰〰〰 "不感恩"的安妮 〰〰〰〰

我原本以为学生不至于罪大恶极,造成的伤害还在容许范围,然而这些年来,几位至爱的学生确实伤我很深——这创伤虽然让我痛彻心扉,却也不致中断教学生涯。首先,就以安妮为例吧。安妮是我教过的最聪明的学生之一,各科表现优异。她在五年级的时候,阅读功力便可媲美高中生。只要是我指定的读物,安妮就像超级海绵一样照单吸收。她不但文笔好、艺术佳,音乐素养更棒。总而言之,安妮是个勤奋向上的好学生,凡事都以完美为目标。

安妮的妈妈也有强烈的上进心,真是有其"女"必有其"母",她频频向我请教私立学校的申请门道。我允诺帮忙,保证尽一切努力让安妮挤进去。我抽出额外时间指导安妮,教她入学考试还有面谈技巧。安妮倒也争气，顺利考进一流私立学校并且成为该校顶尖学生。她时常写信给我，或顺道来班上看我，表达学生对老师的感谢。我告诉她"师父领进门，修行在个人"的道理，心里对她的表现相当欣慰。

几年过后，一切都改观了，变化之剧烈让我无法想象。安妮的双亲经营杂货店，有次歹徒光顾，开枪射中她父亲的颈部。我有个弟弟在设备完善的医院担任高层主管，作为老师，我主动替家长张罗一切。幸好她父亲恢复神速，很快就出院了。她父亲住院和恢复期间，我协助杂货店运作长达两个月，每天都到店里帮忙，让安妮和母亲多份安全感。在旁人看来，这老师真是时间太多，但我甘之如饴，只因为安妮是我的学生。

等到安妮的父亲正常工作，我就被这家人弃置一旁。这家人再也没向我说声"谢谢老师"，我心里很不舒坦。当时曾自我安慰一番，想想这家人经历这么多磨难，大概也没多余心力表达谢意吧。

此后两年，安妮仿佛自人间消失，我再也没收到来信。直到有天，安妮主动和我联络，原来她有机会申请高中生暑期营队，到常春藤名校参观。我帮她买了机票，那年夏天还写了几封信给她，却又石沉大海。

三年又过去了，有一天，安妮的母亲突然现身校园，告诉我她的女儿已经申请到世界一流的大学。但是安妮消失了，她不再和许多校友一样，返回母校欣赏学弟学妹演出莎翁舞台剧；她不再回到老教室和学弟学妹闲话家常，以自身经验勉励他们。时至今日，我还是替安妮感到高兴，毕竟她是"丛林"的杰出校友。

从此以后，我再也没有收过安妮的只字片语，我承认自己很在意。或许，有些学生会感激老师的付出，有些不会。话说回来，老师甚至父母怎能要求孩子以对等的付出表达内心的感激呢？教育不是要求回报的事业。心怀感激的学生当然让人欣慰，但是优秀的老师应该是从学生的好表现得到满足才对。学生的感恩，就像蛋糕上的糖霜和装饰，而蛋糕才是主体。失去安妮的消息，让我着实失落好一阵子，不过这件事还不至于影响睡眠。而接下来的这个案例，不仅影响了我的睡眠，甚至让我彻夜难眠。

"无情"三剑客

和不知感恩的学生比起来，误入歧途的学生更让老师痛心。有些学生进入中学之后，无法承受青春期的压力和变化，而有的学生原本资质聪颖，多才多艺，毕业后竟然沦落帮派或开始酗酒，这样的消息让我心如刀割，不禁思索：到底班级的经营哪里出了问题？怎样才能避免类似的悲剧重演？我为此绞尽脑汁，不得其解。或许我虽费尽心力营造出优质的学习气氛，但这批单纯的孩子进入中学之后，无法适应"现实"的学校，发现流行舞步和奇装异服比代数和文学更有魅力；又或许我的教学风格虽然有趣刺激，但孩子无法忍受中学的枯燥和无聊，因而寻找发泄精力的渠道。不管原因是什么，表现优秀的毕业生大有人在，他们偶尔会回到母校探望，就算偶尔听到坏消息，我也还能调适心态，但是"三剑客"的故事是个例外。

几年前，我遇到一群聪颖优秀的学生，他们不仅成绩好，学习态度更是令人欣赏。教到这样的班级，让我每天的生活充满兴奋刺激。我以担任教师为荣,天天带着满足回家。那时候,我不仅娶到好老婆,工作顺利愉快,更没想到会拿下全国优秀教师奖。我自认遇到最棒的班级,无法想象学生是否还有进步空间。事实上,我太小看学生了:他们后来表现更好,却也伤我最深!

这班学生不乏高手级的人物,其中三位女生的背景最特殊,她们全来自问题家庭,不是那么好调教。刚开始,这三个小女生形影不离,后来慢慢地也和老师打成一片。我遇到教学上的问题,她们都会给予意见,简直是老师的小顾问。这种师生相处融洽的气氛,让我回家后还念念不忘,对她们赞不绝口。我遇过许多优秀的学生,但是这三位最特殊,初为人师的我更因此充满憧憬,勾勒出教育的美梦。三个小女孩真是十项全能,各科表现优异均衡,当她们的老师真的好幸福。

而这三个女孩焦不离孟、孟不离焦,她们虽然还没读到法国文豪大仲马的小说,却也自称"三剑客"。现在回想起来,当时的我实在难以预测孩子的潜力,尽管我们全班曾一起到华盛顿旅游、办了数不清的演奏会和运动会,共度了很多欢乐时光,我还是很难预测这点。

就在他们这届学生毕业后,"三剑客"向老师建议,何不利用周六开办课外辅导班,让毕业生还有机会和老师相处。她们觉得中学生活单调无趣,渴望周末能够回味小学课程。为此,我特地牺牲周末假期开课,让升上六年级和七年级的校友齐聚一堂,共读莎士比亚名著并且准备 SAT 这类标准化考证。我答应来年夏天带毕业校友参加俄勒冈莎士比亚节,当成大家努力用功的奖励。

起初,这一切运作还算顺利(至少我这么认为),甚至妻子和女儿也都和全班一起出游。但是奇怪的是,当我的家人看见"三剑客"时,评价却不是那么高。其实家人都喜欢这届学生,也认为他们表现优秀,只是不觉得"三剑客"特别突出。我的解读是:家人的认知当然没有现场的老师敏锐了!现在回想起来,我真是被幸福冲昏了头,昏庸的程度简直媲美听信谗言的李尔王。

就在我们结束旅游后,一切都变调了。

九月到了,为毕业校友开设的周六课外辅导班开始运作了,但其中有个女生却坚决表态不想参与。这个学生向来笑容甜美,个性虽然古怪却讨人喜欢,我也自以为和她十分熟悉。不久后,闲言闲语开始流传,有人说她和不良帮派走得很近。我听了大吃一惊,甚至犯下为人师表最大的忌讳——和学生讨论她们的是是非非。

我当然没有恶意,也不是出于失望和愤怒,而是出于老师的关怀和恐惧。毕业生到底过得好不好?有没有什么渠道可以拉回迷途的羔羊?这是老师正常的反应。无奈的是,如果孩子情绪不稳,再多的善意都是枉然,即使我一直以为,大人始终如一的协助、体谅、爱心和包容,才能符合孩子此时此刻的需求。换句话说,老师患得患失根本于事无补;更糟的是,我居然和同学讨论她的是非,侵犯她的隐私!流言往往无法止于智者,她终究听到了这些耳语。如同三姑六婆嚼舌根一样,传话者总会添油加醋一番,最后她得到的讯息竟然是老师的遗弃和咒骂。

再说,我的教学方式已经有所偏差,竟然还笨到狗急跳墙,做了最差劲的示范。学生需要空间和隐私,他们需要自主的判断,这是任何优秀教师必备的教学常识。对此,我居然视而不见,常常干涉学生的自由发展,这又是电影《天生好手》的情节。男主角哈伯斯梦想成为棒球明星,我何尝不想成为超级教师?理智上我不想成为哈伯斯第二,但是情感上却无法发挥同理心,从孩子的观点看待学习。万一孩子不想继续参加课后辅导,老师应当给予尊重和支持。实际上呢?学生步出教室,我竟然在后面紧盯着并强押他们回来,真是愚蠢至极,不懂这个简单的道理。

即使山雨欲来,我还是视若无睹。这女孩不是单一个案,而是冰山一角,这表示我的教学策略出了严重的纰漏。大部分的毕业生对课程的评价都很高,他们认为我的班级经营独特而成功,但是少部分的孩子却有不同看法。有一天,某位五年级女生问我是否认识一个叫西恩的男孩。我想起西恩,他是四届以前的学生,表现相当优异。西恩和大家一起旅游,结交了许多朋友。芭芭拉和我曾经带全班到球场看球赛,我们才知道西恩热爱棒球,但他不曾拥有棒球手套,于是我还买了一副送他。但这个五年级女生却告诉我一件让我震惊的事:有天她走在街上,身穿莎翁图样的班服。西恩走上前去,问她是不是雷夫老师的学生,她爽朗地说是。西恩说:"请务必告诉雷夫老师一句话,那就是'你是个混蛋'。"这到底怎么回事?我难过得六神无主,说是伤心欲绝不如说是茫然无措。我要全家人帮忙想想,大伙也不得其解,只是说:"我们一向都很照顾西恩啊!"

这段时间,"三剑客"也很少来班上了,这倒可以理解:她们的课业越来越忙,也该有自己的社交活动。但令人难过不解的是,偶尔回到班上的她们居然变了个样,常常对我出言不逊,讲话尖酸刻薄。起初我以为这只是青春期综合征,事后才证明我的判断错误。"三剑客"发泄的绝非青少年的喜怒无常,而是势不两立的深仇大恨。

学生的决定或表现不合我意,当然令人失望沮丧,这是老师正常的反应。糟糕的是,我当时没能从负面情绪中抽身,以超然的角度和孩子站在同一阵线,用心体会他们的问题。我以大人的角度介入孩子的隐私,这就是他们抓狂的主因。我和学生共度许多美好时光,自以为这样就有权力主导他们的思考模式,强力行销老师的价值判断。但平心而论,老师很容易陷入这样的误区。老师的眼界和孩子不同,阅历当然更多更深,然而为人师者在倾囊相授之余,也应该适时放手,让孩子各取所需,这也是教书的难处啊!当时的我显然不够老练,以致一错再错。

到后来,有些参加假日课程的孩子,开始对我有不满。他们每天虽然过得充实愉快,但是也感觉老师介入太多。我对于孩子某些习惯或文化并不认同,不满之情往往溢于言表。其实这是孩子的私生活,老师无权干涉。孩子们也都深知老师排斥某些流行时尚、综艺节目、热门音乐以及知名人物,可是平心而论,这都是社会文化,没有所谓对错。孩子不一定要当老师的应声虫,就算想法和老师南辕北辙,同样可以当个好学生。我居然没和学生沟通这个重要的观念。学生自然渴望老师的认同,因此会竭尽所能配合老师的想法,但是等到他们发现这代价太高了,愤怒和失望便会因应而生。

自此,我开始魂不守舍。班上的学生倒是体贴,他们常常关心地问:"雷夫老师,你还好吧?"我尽可能掩饰内心的不安,因为学生的家庭问题已经够多了,何必让他们更操心。但是这却是生平头一遭,我看不到教育的前景。如果老师任劳任怨,不计回报,换来的却是孩子无情的怨言,教育的意义何在?

我开始对教学心生倦怠。传言满天飞,杀伤力最强的当然是"三剑客"的点点滴滴。不论是她们的来信或是话语,都只能用"丑恶"来形容。拿出她们以前写给老师的信,上面尽是感激和感动。今昔相较,我有说不出的伤感。

后来,有天我在学校收到一张纸条,原来是"三剑客"其中一员写的。她想申请高中特长班,请我写推荐函。但是我被愤恨冲昏了头,回信时草草写下极不成熟的话语,断然拒绝她的请求。我写道:"老师的心灵受到巨创,至今无法复原,恕难提供推荐信函。"隔周六我上完假日课外辅导,回家时在邮筒发现她的回信。时至今日,我还没看过比这更愤怒、更恶毒的话语。她发动全面攻击,我的班级、家人当然还有我个人,全部无一幸免。她批评我有十足的种族优越感,只偏好特定的学生。她甚至开出黑名单,洋洋洒洒列出讨厌我却敢怒不敢言的学生。我立下的学习目标、我鼓励学生比别人用功、甚至家长对我的肯定,都是那些学生痛恨我的理由。读完这封信很难,因为我的双手已颤抖得不听使唤。

我漠然走进书房,背靠着墙壁瘫在地毯上,整整哭了好几个小时。我不发一声,动也不动,任由泪水流下。"不知回报的孩子,比毒蛇的獠牙更狠毒。"李尔王说得好。以前无法体会这话的涵义,现在才能感同身受。我连愤怒的力气都没了,整个人像是行尸走肉。如果没有妻子和女儿的抚慰,我不晓得如何撑过那个晦暗长夜。

但是至今想想，如果当时我还有点洞察力，就应该立即停止自怨自艾，设身处地反思学生的感受。换作今天，我的回信一定截然不同。我会告诉她：我们之间发生不快，老师也很遗憾；我会告诉她：你很优秀，当你的老师真是幸福。我会请她过来聊聊，大家抒发心里的感受，试着化解双方的歧见。如果我能从情绪中抽离出来，这有什么难的？就像我最喜欢披头士成员乔治·哈里森（George Harrison）的歌《Within You Without You》，我自己不也时常哼着"只要抽离情绪，内在的平和不远"，可是此时，我的作为是不是很讽刺呢？

"拯救者"席拉

接下来几周，我只能用浑浑噩噩形容。我下班离开教室，却完全记不得上课内容，头脑空白一片。我一直是记忆力超好的老师，可以告诉你前年三月第二周的教学进度，而此时，这几周的记忆好像都被格式化了。

几个学生有所耳闻，纷纷写信给我打气，他们的体贴让我捱过这段苦涩的日子。许多学生知道前因后果，希望老师不要因此崩溃。甚至有个女孩听到消息放声大哭，她说不相信昔日同窗居然"丧心病狂"。孩子的懂事当然平复了我不少伤痛，但是效果实在有限。

老实说，我自认头脑聪明，思路清晰，但是这回怎么了？我百思不解。我回想过去和"三剑客"相处的点点滴滴，是不是口出恶言伤了学生？还是我太严苛而不自觉？如果"三剑客"是教学失败的案例，那么我努力设计的活动是否也有大瑕疵呢？

随着时间流逝,答案依旧在风中飘荡。我彻夜失眠,不再是负责的好老师。我的学生依旧乖巧聪颖,勤奋向学;我的信箱每天塞满卡片,恭喜我当选迪士尼年度优秀教师(Disney's Outstanding Teacher of The Year),同事和家长说我真幸运,大家都替我高兴,还说这个大奖真是实至名归。

天呀,可是这些祝福听起来好刺耳啊!我年幼就失去了父亲,而在取得教师资格前夕,母亲也撒手人寰,正好没能瞧见儿子成为人师。我晓得将来还会失去家人和朋友,但是和"三剑客事件"相较,这些人生必经的伤痛已经不算什么。我甚至怀疑,自己的心灵是否有机会康复。

我热爱数学,但是身边的好事却没有递增的效果。父母做牛做马,孩子却不知感恩,我终于体会到其中的艰辛;而多年来废寝忘食的付出,到头来全是白忙一场,想到就让人伤心不已。"一切都不值得了。"这是第一次,我心里有了心灰意冷的喟叹。

然而在这时候,席拉解救了我。有一天,学生都到餐厅吃午餐,我独自待在教室准备吉他课程,心里还是提不起劲。我猜当时我的脸上肯定也是愁容满布,因为有个学生先回到班上,她问道:"老师怎么啦?"她就是席拉,一个看起来很普通的小女孩。

我还想瞒天过海,真是蠢到不行。当过老师的人都知道,要对五年级的小鬼撒谎是不可能的,他们其实深谙世故。

我自以为隐瞒情绪是合理的做法,至少学生只晓得老师心情不佳,还不知道老师快要放弃教职了。而席拉和我的这番长谈,却是我们师生之间从未有过的。

席拉:你为什么不说出心里的想法？你常说学生可以告诉
　　老师心事,你自己为什么不说？

雷夫:没什么啦。

席拉:是和"三剑客"有关系？对吧？

雷夫:对啊。我不懂她们的行为,她们居然这么恨我。

席拉:我懂。

雷夫:什么？

席拉:我了解她们。可是你,雷夫老师,根本不懂她们。

雷夫:什么意思？

席拉:你根本不了解她们。我从幼稚园的时候,就晓得她
　　们的为人。我和她们相处的时间比你久多了。她们
　　心地不好,你根本不懂。

雷夫:可是我们相处也三年了呀。

席拉:你只认得学校里的她们。许多学生都在利用你,雷
　　夫老师。你根本不懂。你很爱她们,因此看不到她们
　　的真面目。你看,你居然不了解你最喜欢的学生。

　　顿时,我感到天旋地转,难道这个小女孩说中真相了吗？
席拉虽然语不惊人,却让我有了反复思索的新方向。我回家和
妻子闲聊,她居然也同意席拉的看法。当下最省事的方法,就
是对整件事不再费心思。然而,这是鸵鸟式的逃避心态。许多
毕业生吸收我的学习策略,的确闯出了一片天,但是有些却带
着尖酸负面的情绪离开教室。如果我要力挽狂澜,先要改变
自己。

坚持与改变

　　我之前提到,尽责的老师和家长必须有所担当;我也深信,好老师必须有所坚持。我的态度始终如一,但是有时老师或家长应当适时放手。

　　对我最不满的毕业生,以前都是表现最突出的一群。我发掘学生的天赋,兴奋之余却在他们身上加诸无形的压力,因为老师总是越俎代庖,替学生设定学习目标。其实,我应该采取多元的态度,提供其他的学习策略,而不是一厢情愿地推销主观的看法。

　　我发现,我需要以学生的角度,全盘检讨,并制定出一套经营班级的策略。于是,我花了几个晚上,特地邀请毕业生共进晚餐。在此期间,我都尽量少开口,多倾听,结果从学生身上获益甚多。这算不算另一种形态的教育呢?

　　学生告诉我,成绩和人格是两码事。记得刚调到"丛林"时,我的确被学生的低成绩吓了一跳,因此头几年,我将心思全放在提升学习成绩上。正因为如此,我也错将"成绩"和"人格"画上等号。班上有几个学生虽然表现不错,但是其他学生表现更好,因此我吝于给予应有的赞美。"怎样才算好学生?"我必须重新定义。

　　不要误会,我对学生仍然抱持高度的期待,也鼓励他们尽其所能争取好成绩。而现在,我也要注意努力用心、人格健全的学生,同时自己也要朝着人格健全的方向迈进。

　　你了解孩子多少?孩子人前人后两个样,他们为了争取大人的认同无所不用其极,这点你我皆知。真正了解孩子的人是年龄相仿的同辈,他们特别清楚彼此的人格特质。本校有位德高望重的老师接到电话,被告之品学兼优的好学生居然在商店顺手牵羊,这位老师听了差点昏倒。可是下课时,我不经意听到学生的悄悄话,其实同学根本不讶异,他们早就摸清这位"小偷好学生"的底细了!

评论孩子之前,最好观察他和同龄人的互动,这真是经验之谈。若要论断学生的价值观和潜在特质,同龄人的判断远比老师更准确。不信你问学生哪个是好玩伴,哪个好相处而且诚实正直,他们如数家珍。我们身为老师和家长,其实所知甚少。大人总有许多内心话要讲,孩子也不例外。

"钱要花在刀刃上",这是理财的概念,教育何尝不是?如果教师真想为学生牺牲,也要先看对象。这话虽然说起来很伤感,但有时遇到特殊背景的学生,教师再热心也真的无能为力。教师的任务不是拯救孩子的灵魂,而是提供机会让孩子自救。

从教学中反省

身为老师的我有许多错误经验,最严重的一项就是替学生做决定。我经常自作聪明,指出明路让学生遵循。我以前很强势,要求学生大清早到校加强数学学习,还要他们留校很久研读莎翁名著。这样对孩子的确有帮助,没错,但是他们也有说"不"的权利,就算拒绝老师也不该有一丝罪恶感。我的班级气氛很紧张,学生被迫取悦老师。在孩子眼中,我的认同和法官的审判没有两样!我太小看老师的影响力了。

我也拿出"三剑客"的信给毕业生看,他们发现其中大有玄机:信中反复出现"崇拜"这个字眼,但崇拜都演变为了愤怒。

我的赞美会让学生上天堂,但我皱个眉头就会让他们下地狱,这是毕业生的肺腑之言。原来,学生沮丧之余,情绪会转化为愤恨不平。因此,我必须改变教学风格,除了尽可能提供多元的学习渠道,也要尊重并支持学生的决定,就算学生的选择有所偏差,也要容许他们自行修正方向。

想不到,这些毕业生居然反过头来指点老师,真是太神奇了。他们是最严苛的批评家,却也是我的最佳拍档,提供最好的建议给我。老实说,我的情绪依旧低落,还需要些时间沉淀思索,但是经过这次教训,我发现人遇到挫折会有以下三种反应:怨天尤人,一筹莫展;自暴自弃,意志消沉;最后一种是承认错误,重新出发。而从伤痛中走出来肯定是最难的一种,却是我的选择。

我决定重新出发。我的标准依旧,但是不再以成败论英雄,而以客观的角度评鉴学生的表现。至于和学生沟通的方式,我也要调整修正。我要学生晓得:就算他们犯了错,我也不会痛不欲生。我仍然是最严格的老师,却也是最体贴、最亲切的大朋友。我会以身作则,用同样的标准要求自己。有趣的活动、学业的精进以及人格的熏陶,都要融入每天的课程。

我没有把握完成所有目标,但至少已经可以对症下药。有天晚上,芭芭拉建议我重读一本书,从书中寻找解答。然而再拾起这本书,又是几个星期之后的事了。

"三剑客"造成的伤痛显然已经痊愈了。我有把握,如果时光倒流,相同的问题绝对不会再发生。我会接受她们的优点和弱点,就算表现不如预期,我也不会失望。我不再多花时间关照她们,我要注意需要帮助的学生。这种脱胎换骨的转变不但痛苦而且不易,但是未来的挑战已经确立。斯人已远,《哈克贝利·费恩历险记》的哈克已经化为陈迹;殷鉴不远,我不禁想起《天生好手》的哈伯斯。而我必须另觅典范,在教书生涯中重新出发。

或许你会问我,"三剑客"近况如何? 后来我才知道,她们其中一人早已辍学,另两人进入知名大学,过着正常的日子。而那个语不惊人、貌不出众、成绩中等的席拉呢? 她申请到常春藤名校,成为聪明伶俐、亭亭玉立的大学生。她后来也嫁了好老公,事业平步青云。

她真是一个好老师。

第七章

我的偶像

教学生涯的第九年,我尝过成功的甜美,也经历过失败的苦痛,仍然在教育园地耕耘不懈。"三剑客"虽然让人痛不欲生,也曾经让我处境艰难,但是,不论为人师或为人父母,最重要的就是认清角色。这时的我尚未找到答案,而且我的答案也不一定适用于你。不过我只认清一件事实:要成为优秀的教师,必先自我定位,也就是认清任务需求。

认清自己的角色

我原本以为自己很清楚教育任务。初为人师的前几年,我坚信文学的重要,因此不遗余力推行阅读教育。之前也提到,我把心爱的名著带到课堂,特别是我偏爱的那本书,我老是会提到书中的主角。而几年下来,该书也总是名列书单的必然之选,那就是马克·吐温的杰作《哈克贝利·费恩历险记》。

以前哈克是我最欣赏的人物之一,现在也是。哈克真是好人,他在艰难选择之际,总是对得起良心。马克先生妙语如珠,讽刺得恰到好处。我最喜欢吉姆和哈克乘坐木筏漂流的那段,套句百老汇名剧《该死的扬基队》(Damn Yankee)的台词,两人皆是"生命旅途中飘荡的游魂",结局也让人拍案叫绝。

如果你没忘记的话,哈克和吉姆都是社会边缘人。当时的社会充斥着暴力、歧视、伪善、虚妄和冷漠,这两位彼此扶持,发挥智慧,闯过一劫又一劫。故事结尾,哈克有机会重返文明:有人愿意收养哈克,他有"正常过日子"的机会,成为人模人样的好公民,但他居然拒绝天上掉下的良机!他以前在社会混过,再也不想同流合污,他决定带着汤姆和吉姆再次寻找乐土。哈克,祝你一路顺风!哈克,你以实际行动告诉衣冠楚楚的社会人士:你走你的阳关道,我搭我的"独木舟"!

比较起来,我真正的偶像是哈克,而不是棒球好手哈伯斯。我也看不惯社会百态,看不惯糜烂不可救药的学校体系。如果学生愿意一同寻找学习的乐土,欢迎上船来吧,我将是领航的舵手。

然而,想象归想象,我没有同舟共济的伙伴,更没有独木舟。我晓得自己的任务,也晓得自己遗世独立无法成为优秀教师。哈克的作风令人欣赏,但是这种出世的态度只能在茫茫人海中浮沉。

直到一天,有个十岁的小女孩一语惊醒梦中人,让几十岁的我相形见绌。记得那是新学年的第一天,"三剑客"事件尘埃落定,但是我心里创伤尚未痊愈。当时心灰意冷,再也不以优秀的教师自许。我把自己武装起来,不让忘恩负义的学生再伤我一丝一毫。毕竟把罪过推给别人,总比扪心自问容易。

当时,学生鱼贯进入教室,有个娇小的女孩走到我的面前。女孩留着刘海,手上提着刚从快餐店买来的餐盒。她对我说,她想在开学第一天请老师吃早餐。

"你叫什么名字?"我问她。

"琼安。"女孩小声说。

"琼安,听老师说,"我告诉她,"你不必买早餐给我吃,也不用讨好我。如果你想在班上当个好学生,只要全力以赴就行了,我们会相处愉快。不用送老师礼物,听懂了没?"

"听懂了。"她找到座位坐下。

第一周进行顺利。周五的时候,我让学生围成圆圈坐下(我称之为"魔法圈圈"),他们利用这个机会畅所欲言,不管是学校或是家庭问题都可以谈。"各位同学,"我以老师的架势宣布,"第一周快过完了,老师觉得大家表现很好。同学们的数学和阅读都很不错,每个同学都很用心。这个礼拜有没有心得?有没有同学愿意分享?"

琼安举手了,这是她五天来第一次发言:"雷夫老师,我有话要说。"她接着侃侃而谈:"星期一我买早餐给你吃,不是想讨好你。你误会了。"小女孩的语气轻柔但果决,一听就晓得是肺腑之言:"我等了好久,终于成为你的学生。我一年级的时候,就注意到你的班级。你的教室总有很酷的玩意儿,你的学生是全校最棒的。你们的舞台剧和音乐表演也是最棒的。你的学生是全校最快乐的。我的爸爸和妈妈都说雷夫老师好厉害。他们在电视上看到老师,也在报纸杂志上读到老师的报道。"

老天,全班鸦雀无声,小女孩一发不可收拾:"我真的不想讨好你。我只是很兴奋,想和老师分享。我想告诉你,当你的学生多么高兴。可是,你伤我的心了,我要你知道,你真的伤我的心了。"

听完这番话,我真想挖个洞藏起来。小女孩讲话轻声细语,真情流露,却是震撼力十足。如果老师向学生磕头不失礼的话,我真会磕头如捣蒜。我向琼安保证:如果她愿意再给老师一次机会,老师绝不会再伤她的心。

芬奇律师让我顿悟人生

当时,我虽然还能正常教学,但心里的创伤还在恢复中。有天晚上,芭芭拉建议我重读一本特别的书。这本书我以前读过两回,虽然每次都读得欲罢不能,却未能体会其中真意。然而这回,我在重读过后,终于找到新偶像了,而教学的标杆也矗立在眼前。那就是哈珀·李的名著《杀死一只知更鸟》,我又重新认识了书中主角芬奇律师。

在我印象中,这本小说不过描写了律师斗法的情节,但事实上书中却另有深意。故事开头,芬奇律师下班回家,发现女儿斯各特哭得像泪人儿。原来,她在学校被同学恶意取笑,同学还开爸爸玩笑:"芬奇律师,你帮'黑鬼'辩护吗?"

芬奇律师听到种族歧视的话语,当下立刻纠正女儿斯各特。斯各特哭着解释这是同学的用语,她不懂爸爸为什么甘冒天下之大不韪,非当黑人的辩护律师不可。

"我有几个理由。"芬奇律师接着解释。如果他不以身作则,挺身而出,将无法教养孩子,也无法在他们面前抬头挺胸,这是最重要的理由。

芬奇律师的儿子吉姆接着问:"爸爸是否有打赢官司的胜算?"他冷静地回答:"没有。"我看到这里,只觉得脑袋被雷电重击。各位瞧瞧,芬奇和哈克的想法如出一辙,都是"知其不可为而为之"。当时种族歧视甚嚣尘上,社会弥漫着暴力、伪善、不义与冷漠,根本没有任何胜算打赢官司,他心知肚明。

不同的是,芬奇律师并没有"出航寻找乐土"。他义无反顾走进法庭,倾尽所学为正义而战,这就是他的信仰。他有自己的信条，根据信条立足人间。他基于信条为黑人辩护，法律规章、社会期待都与之无关。

时至今日，这段情节依然让我激动得热泪盈眶。我的教室就是芬奇的法庭，我失败的几率大于成功。不知多少回，我使尽力气帮助学生，最后他们依然沦为贫穷和冷漠的牺牲品。社会充斥着庸俗文化，他们跟着社会堕落，这点最让我痛心疾首。

重读《杀死一只知更鸟》让我心中豁然开朗。我有自己的信条，一如向优秀教师和称职家长看齐。如果尝到败绩，毫无胜算，我也不必垂头丧气。我的对手是庸俗的电视、企业还有社会。马丁·路德·金博士期待这个社会能"以内涵而非肤色取人"，显然改革仍未成功，身为老师的我们仍须努力。

教育便是要以身作则

我也晓得，老师绝对要以身作则，身先士卒。我自己要坚强，才有资格期待学生不被挫折或失败击倒；我自己要勤奋不懈，才能要求学生努力用功。如果学生成为彬彬有礼的绅士或淑女，他们一定有个体贴温和的好老师。所谓身教重于言教，道理在此。

我在重新认识芬奇律师之前，早已犯下一箩筐的错误。今天还能在学生面前昂首阔步，一切得归功于芬奇律师。芬奇律师的儿子也有类似的心路历程。吉姆年纪尚小的时候，无法体会父亲的伟大，直到故事进行到一半时，他终于懂得欣赏父亲的智慧、勇气和人道精神。有天他当街大喊："芬奇律师是个绅士，我也一样！"此时的我，也想跑到操场喊出同样的话。

不同的是，芬奇律师有好几年时间调教子女，而我只有一年的时间和学生相处。如果要达到最佳的教学成效,显然要使出非常手段。我班级的精神标语本来是"成功无捷径",看来有必要重新修正检讨。如果学生课业优异,为人处世却没有等比例的表现,那就是老师失职。"三剑客"造成的伤口隐隐作痛,但我能以超然的立场反省前因后果:原因不在于学生对我不满,而是她们情绪失控、出言不逊时,我居然以牙还牙。"三剑客"虽然诚实坦白,但是在整个事件中看不出一丝的宽容。放眼今日暴戾的社会,"宽容"就如同是拯救人心的及时雨。话说回来,如果做老师的目光如豆,怎能要求学生心胸开阔? 我想把"宽容"这种修养融入标语,也深知在班级宣扬芬奇律师的精神绝对是艰巨的大工程。就算学生尚未读过《杀死一只死更鸟》(现在已是必读教材),也必须向男主角看齐。

我的教育任务已然确立。除了"成功无捷径",我又增加一条:"待人诚恳,做事认真。"我自认为这几个字涵盖了我的期待。不是每位学生都是代数专家、音乐神童,或是各科杰出的优等生,但每位学生都能"仰不愧于天,俯不怍于人"——这是好老师和好家长可以努力的方向,大人应当培养孩子高雅的气质和人道的精神。

从此以后,我想到"三剑客"也不会隐隐作痛。真的让我难过的是,为什么当时没提供机会让她们体验另一种人生。以前我执意把孩子塑造成单一类型,剥夺他们品尝其他类型的可能。我难过的是,为什么当时如此失职。

故事一开头,芬奇律师不参加卫理公会教徒的球队,吉姆因此心怀不满,拒绝从树屋爬下来吃早餐。律师站在树下请儿子下来,儿子还是不领情。接着,律师也不再唠叨,他自认责任已尽,便准备转身离去。吉姆这时候依然不愿妥协,律师只好撂下一句话:"请便!"因为他已尽到父亲的义务,大可放心享用早餐。如果吉姆执意饿肚子,那也是他自己的抉择。芬奇真是明智的父亲,什么时候该放手,他掌握得恰到好处。

尽管我心里有些后悔当初的处理失当,但毕竟我得到了教训。从今以后,不管面对行政人员、家长、同事或者学生,我都以不变应万变。几年后,我应邀发表系列讲座,和家长分享阅读教育的成果。我带了几个学生同行,示范本班阅读经典的过程,建议家长在家自行指导孩子阅读。在演讲的过程中,我不断批评公立学校的阅读教育,因为老师居然把阅读搞成学生的苦差事。

想不到,流言不止于智者,隔天早上八点我就被人请进校长室。校长怒气冲天,把我骂翻了。要是在以前,我肯定会反击得痛快过瘾,然而今非昔比,我愿意试着从校长的角度思考。平心而论,校长确实替学校付出甚多;当时他对我咆哮,但是平时待我不薄,因此我决定克制脾气,不让这个偶发事件影响平日交情。

要是以前我牛脾气发作,铁定会请校长回去翻阅宪法,让他晓得人人都有发表意见的自由和权利;我也可能让他闭嘴,因为我的阅读能力比校长更好。还好,我谨记班上的精神标语:"待人诚恳,做事认真。"逞口舌之快没有任何好处。因此我只是猛点头,澄清某些误会,甚至要自己忍住不笑。因为校长提醒我:"凭你能成为优秀教师?还不是我校长的功劳!"我同时也想到妻子曾经讲过类似的话。临走前我紧握校长的手,感谢他对属下的关心,并且告诉他我会努力教书,以当他的属下为荣。

幸亏芬奇律师的启发,让我免除了和同事相处的问题。我想到芬奇律师的邻居狄波丝小姐,就常常口出恶言恐吓他的孩子,对于芬奇律师更是口不择言破口大骂。但是律师在路上碰到恶邻,总是礼貌地脱下帽子,以英国绅士的气度打招呼:"狄波丝小姐,很高兴看到你。"狄波丝小姐听到这番话,反而吓得不知所措。

如同芬奇律师和狄波丝为邻,我也有个同事叫"樟脑球"。有个朋友将"樟脑球"列入"八三团队",也就是早上八点准时进教室、下午三点准时下班的一群教师。"樟脑球"是极力看中自尊的人,这当然很好,但是她捍卫学生自尊的做法却让人不敢苟同。她让幼小心灵自由发展,任由学生四处撒野,许多科目根本弃置不顾。同事们最讨厌走进她的班级,因为里头肮脏的程度只有垃圾堆可以比拟,大得吓人的蟑螂四处乱窜。其实类似"樟脑球"的老师大有人在,他们的学生疏于管教,还会影响其他班级。我有位朋友打趣地说,这样的教师调教出"高度自尊的学生,以及校园中最快乐的文盲"。

我遇到"樟脑球"小姐,总是待之以礼。她的班级经营方式糟得没话说,她的学生必须忍受一年的折磨,在污秽嘈杂的环境数日子。我需要当面表达对这位老师的轻蔑和对学生的同情吗?当然不必。

几年前,某个发行全国的杂志到本班采访。本班学生优异的表现,杂志女记者早已耳闻,这次她要亲自见一见。她花了几天时间和学生相处,坐在教室观摩教学,最后诉诸笔墨写下报道。这篇报道对学生赞美有加,但对公立教育体制诸多批判。记者的报道真是一针见血:"学生待人亲切,读书全力以赴,其成熟的程度超乎想象。"她以生花妙笔勾勒教育现场。

报道一刊出,信件如雪花般自各界涌来,教师、家长或者关心教育的大众对孩子的表现赞赏不已,并在信中提出许多发人深省的问题。藉着这篇报道,我也展示了个人的教学经验,帮助远在他方的教师。不过,我也收到一封"踢馆"的信。

没错,就是"樟脑球"写的。她洋洋洒洒写了三张信纸,痛批我是不入流的老师,更是最糟糕的人。我也曾经收过类似的信件,但是这封的语气最尖酸刻薄。"樟脑球"从没看过我上课,但是她质疑为什么像我这样差劲的老师受人瞩目,像她这样优秀的老师却乏人问津。这位女士对我的攻击,我可以一笑置之,我也从没对她口出恶言,见了面只是一句友善的"早安"罢了。她的来信,让我想起七岁时父亲教我读莎翁名剧《奥赛罗》的情景。父亲谆谆教诲,要我千万不要低估嫉妒的力量。虽然她的信中充满怨言和愤恨,不过信尾毕竟出现"樟脑球敬启"的字眼,算她有礼貌。

隔天我又在穿堂遇见"樟脑球",还是报以微笑和一句"早安",但是她掉头就走。对此我不以为意,是芬奇律师为我指点了一条明路。

虽然我把芬奇律师的话奉为准则标尺,但是有些时候还是不能以它为准则标尺。我把"樟脑球"的信影印多份,分送给本班的赞助单位,结果我们收到更多的赞助。善心人士还来信打气,他们说我居然和这种老师共事,理当享有更多的支持。本来我只期待精神支持,却意外收到经济支持!

教书三十年来,我碰到许多热心的家长,教学的点点滴滴因此生色不少。教育孩子是世间第一大难事,我能以微薄之力在学校推行个人理念,真要归功于这群陪我一路走来的家长。不过有时老师会碰到特殊家庭,他们宁愿赶快遗忘特殊的经验。以下我想说的这个经历绝无仅有,芬奇律师不仅指引我渡过难关,还救了我一命!

琼斯先生一家就住在学校对街,他有一对可爱的女儿,老二在我班上,老大经常牺牲假期帮我辅导学弟学妹。姐妹俩不但面容姣好,聪明伶俐,更是多才多艺。她们的个性十分阳光,可以让师长赋予重任。乔恩是妹妹,每天总是第一个到校,最后一个离开。乔恩为什么愿意在学校久待?原来父亲有暴力倾向,全家都在暴力的阴影下度日。相关单位已经介入多次,却搜集不到足够的证据。乔恩常常利用午休时间跑回家打扫,因为酩酊大醉的父亲一看到地板有灰尘,就会对女儿拳脚相向。琼斯先生总是满身酒味,甚至两次到校和老师晤谈时也不例外。记得当时乔恩静默地坐在一旁,满脸羞愧低头不语。而乔恩的母亲十分娇弱,从没踏进校园一步。她一周工作七天,除了忙进忙出清洁内务,还要到美容院工作养活全家。

对谈的时候,我真想教训眼前这个不负责任的父亲,还差点脱口大骂,幸好及时控制住情绪。平心而论,口头上的规劝根本于事无补,于是我以和缓的语气告诉他:你的千金真是优秀,你应该以她为荣。醉醺醺的琼斯先生对我念叨着,两眼吃力地眨着,踉踉跄跄走出办公室,乔恩则低着头紧跟在后。隔天乔恩还是准时六点到校,精神饱满准备上课,脸上也照样带着灿烂勇敢的笑容。

乔恩毕业后,还是利用暑假到我班级帮忙。有一天,她以近似歇斯底里的语气在学校对街大叫。原来父亲把她锁在衣橱，然后带着一把霰弹枪到美容院找母亲。父亲大声嚷嚷，扬言干掉母亲再回来找女儿算账。乔恩破门逃出，跑到街上求救。我听到呼叫后请她立刻报警，然后跑到她家帮忙。我看乔恩整身湿透，原来父亲先把她压在浴盆泡水，再把她关进衣橱。但我们校长临危不乱，他先把乔恩藏起来，几个同事和我则走到停车场，我们都看到琼斯先生握着枪，就在自家公寓前面。我们也不晓得他是否找过妻子了。

这次琼斯先生似乎神志清醒，他的步履沉稳，但是每步都充满怒气。此时，尽管乔恩还没来得及告诉我来龙去脉，可这些都不重要了；我吓得魂飞魄散，看来这次小命不保。我记得乔恩曾说父亲常常责备她，因为女儿花太多心思在老师身上。看来我和他的仇结大了。最恐怖的是，我在他的枪支射程范围之内。

最后，琼斯先生终究没扣下扳机，只是狠狠瞪着呆若木鸡的我。我只能在心里默祷警察快来。幸好，这期间琼斯先生只是对我咆哮而已。直到警察几分钟后赶到，琼斯先生弃械投降。而就在那一刻，我也懂得感激警察了。

琼斯先生接受两个月的心理咨询，竟然获释返家，但暴力倾向却越演越烈。乔恩的母亲忍无可忍，带着两个女儿远避他方，幸好最后离婚了。几年后我也听到琼斯先生再娶的消息，实在让人不解。直到最近，当我带着学生欣赏道奇队打球，正在开车送他们回家途中，收音机竟传来令人惊悚的新闻：就在学校对街，发生了一起家庭谋杀惨剧，造成多人丧命。原来有人开枪射死妻子和几个家人，最后饮弹自尽。记者虽然尚未公布死者姓名,但我心里有数。后来我才晓得:琼斯先生的第二任老婆打算弃家而去,便找来弟弟、小姑和朋友帮忙搬家,没想到刚好遇上回家的琼斯先生,他竟然把现场的亲友全杀了,然后举枪自戕。在此刻,我一想到琼斯先生瞪我的那一幕,不禁直打哆嗦,庆幸自己真是运气好。但我左思右想,就是想不出他不开枪的理由,惟一可以得到的结论是:就算他对我辱骂叫嚣,我还是待之以礼,这就是芬奇律师的作风。或许当时我的态度冷静,让他打消开枪的念头。至于乔恩,她终于脱离家暴的阴影。她已经读完大学,家庭幸福美满。

两位学生的启示

芬奇律师不但教我和大人相处,也教我和学生相处。珍妮和金恩都是音乐天才,这种学生许多老师到退休前可能也碰不到一个,我何其有幸,一年就碰到两个!两位都是多才多艺,也和同学们一样碰到青春期的问题。她们在班上表现良好,和我只是保持普通的师生情谊而已。学生不想亲近老师,毕竟这是她们的选择,我无权干涉。如果她俩不愿参与我规划的活动,我也是淡淡说声"请便"。

后来我替她们申请奖学金,让两人到一所音乐教育颇负盛名的私立学校就读。音乐特长生来自四面八方,都希望挤进这所学校。该校创办人是我的挚友,他特别提供入学机会给清贫的学生,让他们享受富裕家庭才能负担的音乐教育。

一年之内,我听到许多金恩的传言。据说她对功课兴趣缺乏,更让我惊讶的是,她居然也对音乐意兴阑珊。金恩快要放弃奖学金了,该校教师希望我和她当面谈谈。

　　我拒绝这样的要求。我告诉她的老师:如果金恩有心找我聊聊,自然晓得联络方式。更何况金恩是贵校学生,贵校要负起辅导和管教之责。时光流逝,金恩的传闻总不间断。这孩子和我们一样,总要面对人生的起起落落。我现在还是相信,总有一天金恩会找到自己的方向。但是联络她或指引人生抉择,已经不是我的义务了。万一金恩需要协助,她知道怎么找到我,而我也会鼎力相助。

　　听到学生的坏消息,做老师的当然心里为之一沉。不过我和芬奇律师一样,都能够昂首立于人间。有这样的学生是老师的荣幸,至今我还保有甜美的回忆。许多家长或老师目睹孩子的起落,常常不由自主地内疚伤心。但他们却没想到,就算家长和老师尽职负责,孩子的转变一样会不如预期,金恩就是最好的证明。

　　珍妮呢?这孩子毕业后,反而和老师书信来往。虽然珍妮的音乐才华略逊于金恩,但是她在中学表现突出,也结交了许多好友。现在珍妮上大学了,只要人在附近就会到班上帮忙。原来母校对她的意义重大,我倒是始料未及。

　　我真蠢呀,当年怎么没看出珍妮的音乐潜力呢?这几年来,我们的联络方式就靠信件往返。珍妮也自比芬奇律师的女儿,信尾总签着"爱你的女儿,斯各特敬上"。

第八章

对抗人事纷扰

当你辛苦任教多年以后,也历经了许多的挣扎和失败,终于看到一道曙光——这时,你必然觉得教育目标已然确立,感觉到自己胸怀壮志,跃跃欲试。在你眼中,现在天真无邪的孩子,未来就是支撑社会的栋梁。不管芬奇律师是不是你的偶像,教育愿景都在向你招手。班级经营对你来说也驾轻就熟,你不仅拥有热情,也感觉到学生幼小心灵的迫不及待,希望你能带领他们横渡茫茫学海,到达成功的彼岸。

　　但是,我想请你做好心理准备,因为我又要宣布坏消息了:纵然你勾画出教育蓝图,可是真正的险阻却是在此刻才会浮现。就算同事早已心灰意冷,而你还是坚持初衷;就算你立下雄心壮志,激励台下学生脱胎换骨、追求更高层次的理想,困难同障碍也即将在你眼前,教你挥之不去。

　　我要说的是,如果你运气较好,学校是在稍微落后的偏僻地区,那也就罢了,就怕你去到一个是非多、冷漠甚至是邪恶的地方。但是话说回来,优秀的老师总有本事克服环境。

　　我想起百老汇名剧《承受清风》(Inherit the Wind)的主角德拉蒙德(Henry Drummond),他有一句经典名言:"人事纷扰如影相随。"但是在真实情境下,"人事纷扰"不仅是挥之不去的阴影,更是教师和学生追求卓越的绊脚石。然而,此时的我们虽然无力摆脱俗世文化,但只要是有理念的老师,总有一天必能

117

有所斩获。但在此前提下,还是需要家长的齐力支持,毕竟家长对于老师的支持,也等于是对自己孩子的支持。

❧•〰〰 来自莎士比亚的祝福 〰〰•❧

我刚调到"丛林"的时候,教书时间刚满三年。第一天上课时,映入眼帘的是超级拥挤的校园,我的班级居然有四十名学生。他们的背景真是多元:韩国、中南美洲、越南、菲律宾、泰国……我真怀疑是否走进了联合国。可想而知,在家还说英语的学生更是寥寥可数。他们虽然是六年级学生,而且在美国居留时间超过三年,阅读能力充其量只到四年级程度,但是潜力却和"天堂"的孩子不相上下。

几周后,我拟出提升英文程度的 A 计划。我是莎士比亚迷,当时还算菜鸟教师,但是菜鸟有热情,我愿意舍命陪学生,每天放学后花两小时留校;我也和家长沟通,预告年底班上将举办莎翁名剧公演。我告诉这些移民新大陆的家长:如果学生精通英文,就能掌握美好的未来。

结果呢,五个家庭认同我的计划,同意孩子留校研读莎士比亚。起初,每到下午三点放学钟响,收拾书包的同学无不报以揶揄的眼光。几天过后,五名学生的学习乐趣大增,反而是准时回家的同学若有所失。接下来不出两个礼拜,愿意留校的学生激增为二十八人,师生共读莎翁名剧《麦克白》(Macbeth)。学生个个兴致高昂,初尝学习的趣味。

但是不出多久,我们的副校长开始关心此事,因为学区并没有给我留校课外辅导的许可,我居然笨到去"请示许可",果然是只有三年教学经验的菜鸟。只要是在教育界打滚多年的资深教师,都会送你一句箴言:"不要事先申请,要事后认罪!"
可是我却写了自以为感人肺腑的信,央求学区领导准予本班留
校辅导。我在信中写道:"百分之七十的学生渴望加强英文,每
周合计留校十个小时。我只凭教育热忱,不计酬劳,所需教材
设备皆由我自负。学生将于岁末展现成果,表演莎士比亚名剧
《麦克白》。"

两天后,学区给我回信,内容简短果决:"雷夫·艾斯奎斯
老师,本学区一致认为课后研读莎士比亚并不恰当。如需课后
辅导,教材内容应符合学区课程目标。"

看到这样的答复,真教我哑口无言。我不想开罪高层——
他们真是愚蠢,不过至少从此得到宝贵的教训,那就是绝对不
要"请示许可"。

碰了一鼻子灰之后,我还是念念不忘当初的构想。若要提
升学生英文程度,舞台剧是必杀绝招。我决定暂时抛开莎士比
亚,采用怀尔德(Thornton Wilder)的名著《我们的小镇》(Our
Town)。我的理由是:这出戏的行头少,演练起来容易上手。我
们以怀尔德取代莎士比亚,这下总行了吧?我猜学区长官或许
认为近代的作品符合课程目标。总之,我想先斩后奏。

结果,一切进展出乎意料的好,孩子们表现得可圈可点。
他们居然达到前所未有的标准,让我初次见识到他们雄厚的潜
力。事实上,他们其他表现也有等量的提升:不仅注意力集中
了,学习态度更有戏剧性的转变。

后来,到了迎新年的岁末,师生期待已久的公演终于到来。
我就像骄傲的家长,尽可能邀请各方人物前来捧场。没想到,
观众门可罗雀,但是学区领导居然大驾光临"小镇"。这次公演

真是没话讲,要在同龄学生中找到这样品质的表演,只怕很难。

这整出戏领导看得入戏,谢幕的时候,她居然感动落泪,所有的观众也起立致敬。领导后来还过来和我寒暄:"雷夫老师,我从没见过这么棒的'莎翁'舞台剧!"

这绝对是真实的经验!我只想告诉大家,教育界的文化水平是让人不敢领教的。置身这样的环境,老师能力再好,立意再佳,付出再多,教学成效也恐怕有限。不过本班的例子可以让大家知道:只要有心,还是可以克服人事的纷扰,取得优势。但如果要出奇制胜,那就必须采取芬奇律师的低调战略,这是我的经验之谈。

～～～ 要站在别人的角度来理解问题 ～～～

然而,这场对抗人事纷扰的战争,有时对手不是学区大人物,而是自家小人物,麦柯伯特老师就是典型实例。

麦柯伯特非常资深,在本校已经春风化雨三十年,各方面的经验都没话说。她作风严谨,班上各种用品各就各位;学生规矩良好,班级井然有序。在担任几年小学导师之后,这位小姐决定转战电脑教室。

在旁人眼中,本校应该是经费拮据的穷校,其实不然。而本校的电脑教室设备齐全,颇负盛名,如果麦柯伯特尽心维护,她在教育圈的评价应该很高才是。电脑教室就是她的教室,她根据年龄段传授不同的电脑课程。我并不讨厌麦柯伯特,反倒是她对我很有成见;我可能是她的眼中钉吧。虽然我的学生表现不凡,但是麦柯伯特碰到他们总是冷面孔。她大概也不认同我的反叛性格,特别是我批评学区的嘴脸,更让她深恶痛绝。

我一向严格要求学生的行为,希望他们上课时专心安静。有次全班到电脑教室上课,大伙安安静静就座,等着麦柯伯特发号施令。"喂,你们在等什么?"这位女老师喝道,"还不开机,快点进入状态!"学生忙不迭遵照老师的指示。第二个星期的同一时间,学生又鱼贯走进电脑教室,大家鸦雀无声。这回我也跟着学生一起去了,看着他们开机,然后去做上周规定的作业。可是麦柯伯特又有话说了:"谁叫你们开机的呀?"

她对学校的电脑有强烈的支配欲,就算电脑教室以外的设备,都要插手干涉,真像独裁暴君。总而言之,你只能用"严以待人"来形容她的处世风格。在此,有件事情我不说不快,就因为她的处理方式很尖锐,以至于让当事人以为自己犯下了滔天大罪。

事情发生在史帕克老师训练孩子利用电脑写作的课上,他自行设定班级电脑的字型,可是麦柯伯特居然擅入教室,删除史帕克设定的字型。还好她不是专制时代的女皇,我终于体会民主社会的可贵。学区曾颁布电脑管理办法,规定"不符合教育目标"的程序如何处置。在我看来,麦柯伯特只是执行上级指令罢了,而史帕克也不过是让文书版面好看罢了。我可以确定,大部分的人(包括行政阶层的任何人),都不会无聊到干涉班级电脑的设定。我为了方便学生,也曾经改过电脑设定,但如果我早料到麦柯伯特还有这招,也不至于在听了史帕克的抱怨时瞠目结舌了。

我有位好友名叫玛莉,她让我们以身为万物之灵为荣。玛莉身居要职,是某大公司倚赖的大律师。一般人都以为,如果你要揪出社会上贪婪和腐败的代表,律师和企业家必然成为众矢之的,而企业家又肯定要负起全责,谁叫他们丢大把钞票诱惑律师呢?不过我认识玛莉和她的同事之后,惊觉某些业界人士和律师真是国民的好表率,社会就需要这样的善心人。每年玛莉的公司总会拨出高额款项,花许多时间在洛杉矶寻寻觅觅,挑选优秀的教师或特殊个案进行补助。因为这群善心人士的赞助,残障学生能够免费到游泳池接受泳训,连交通工具都不必烦恼;许多学校的图书馆获得赠书,馆藏日益丰富。玛莉还邀请学童到公司参观,教他们接听电话、使用传真机及商用电脑,实际体验商场情境。孩子都喜欢玛莉阿姨。每年万圣节,玛莉甚至邀请孩子到她的豪宅探险。玛莉真是大家的好榜样。

有一天,玛莉的公司决定添购新电脑,淘汰六十部速度嫌慢的电脑,但是这些旧电脑状况很好,让学生处理文字绰绰有余。玛莉第一个想到了本校,她打电话通知我,我当然一口答应,立刻找行政人员协调。行政人员也雀跃不已,还要求也能放一台在办公室让他们使用。后来,玛莉揽下计划,自掏腰包请来货车,特别选定周六时搬运,免得耽误学校上课。当天,货车停在学校停车场,行政人员和我指挥调度,把电脑送到各部门和教室。事先还有老师筛选需要电脑的学生,这些学生也当场领走人生第一台电脑。我自己倒是没拿,我只想和同事们分享玛莉的善心。

但是后来怪事发生了:一周之内,教室摆放的电脑全部移除!原来,这一切都是麦柯伯特的杰作。几位老师气冲冲向我诉苦,大家得到的解释居然都是"未得学区允许,教室不得摆放电脑"!难道放台个人电脑就会动摇国本吗?大家无非是心怀善念,想要提升学生的电脑能力罢了!

这位电脑老师居然没收学生的电脑,因为她硬性规定全校电脑都要用同样的软件并且同步运作,什么世界呀! 许多人想到她就一肚子火,而我只是替她感到悲哀。芬奇律师教导我们:凡事应当设身处地,站在他人的角度思考问题。我的逻辑和麦柯伯特南辕北辙,但我不必撕破脸讨回电脑,以牙还牙并不值得。况且,孩子总有一天会有较多机会使用电脑。

第二年,这位资深教师退休,我偶尔还是会想起她。虽然她对我恨之入骨,我还是待之以礼。这样一来,当我要求学生"待人诚恳"之际,就可以抬头挺胸,问心无愧。大家都有能力以礼待人,我碰到麦柯伯特也不例外。虽然失去几部电脑,却能以身作则把学生调教成彬彬有礼的君子,这样想来也算值得。我认为,对她念念不忘是不必了,但是和她共事未尝不是人生的转折点。

如果你现在是新教师,请注意学校规模。如果在大型学校,就算你任劳任怨,大家都可能视而不见。要不也会碰到麦柯伯特这种人,他们时时会找你麻烦,让你无法顺心教书。如果你还期盼能有企业家为你的教学感动,带着善款捐给贵班,那你最好也打消念头吧,说不定到你退休都遇不到呢。

热心教师的消沉

愤愤不平是吧? 有气就发泄吧! 别因愤恨而丧失理智。老师就和运动员一样,盛怒之下不可能有完美的演出。几年前我参加研习会议,遇到一位年轻的好老师。他采用我的经验,班级经营始终顺利,但直到一天,这酝酿已久的火山终于爆发了。

这位老师(简称甲师)锋芒太露,引起另一位老师(简称乙师)的妒忌。乙师广发黑函,要家长千万别让孩子进入甲师的班级。甲师和我一样热心,我们都自愿课后留校辅导学生。甲师的艺术天分特高,善用策略激发学生的创意。眼红的乙师使尽污蔑的劣招,警告家长,甲师会毁了孩子一生。

但纸包不住火,传言终究传到甲师耳中。甲师怒不可遏,却把怒气发泄在行政人员身上,而不是乙师。校方为此特地找来两人协调,个别会谈和同时沟通都有。事过境迁,乙师照样当他的太平老师,甲师却不肯善罢甘休,居然控告乙师、校方行政人员,甚至学区长官也不放过,整个人变得像刺猬一样。最后,他和同事渐行渐远,大家也搞不懂当初的优秀教师是吃错了什么药。

重点是,甲师从此意志消沉,他再也不要提前到校,也不课后留校了,放假期间再也看不到他辅导学生。他跟整个教育系统生气,想以此让别人后悔。结果呢? 教育系统根本不痛不痒!甲师对着上苍发出震耳欲聋的呼喊,四周报以萧条肃杀的死寂,简直就像莎翁笔下的李尔王。

然而,这么一来,他的学生损失最大。甲师无法冷静反省,任由情绪起伏以及人事纷扰来主导自我的行为,最后沦为二流的教书匠。事实上,即使是一流的教师也有情绪波动,但是他们为了学生着想,暂时忍受身边一些人的疯狂举动。物有本末,事有终始,一流的教师都懂这个道理。

假日辅导课

接下来,我想说的是假日辅导课这件事。我们不妨看看,世界各地许多地区的学生周末还到校上课,而美国学生花在课业上的时间却是最少。几年前,我陪着学生牺牲周末时间,和他们一起投入他们希望加强的数学和阅读能力。我发现学生和三五好友一起念书,不但乐在其中而且特别有劲。如果假日待在家里,书本就变得无聊乏味。结果,我们这样的假日辅导课,连毕业校友也都加入。一些经济条件不好的学生负担不起却又需要用到的参考书籍或补充教材,购买费用就由我来负担。

我想,假日辅导课绝对不会有什么问题,因为许多校外单位也会特别挑选假日,借用学校场地和设备举办活动,因此假日辅导课绝对可行。举例来说,当地韩国社区利用周末在校园开设韩语课程,甚至电影公司也到本校拍外景。比较遗憾的是,等到周一时,常会听到导师抱怨连连,因为教室乱成一团,所有用品都要重新归位。更糟的是,有些用品居然不翼而飞,从铅笔到计算机都有可能失窃,即使校方事前提醒借用单位自重自爱,但是状况总会发生。

我向校方申请假日辅导课时,行政人员不但劝我三思,甚至还惊动学区的领导。而学区居然还派了一位女士到校,监督我的上课情形。这位女士头衔很大,大概是"课程和活动教导主任"之类的。不料,这位教导主任看完教学演示,居然对学生的动机和表现毫无兴趣,我晓得这下不妙了。

直到两个月之后,校方经过再三的考虑,才终于点头答应,开放周六早上让学生到校上课。行政人员同时要我明白:假日辅导是不支付课时费的(我从来不曾开口要钱)。最重要的是,校方不给我停车场的钥匙。

"感谢学校提供场地,"我感念上级高抬贵手,"但是可不可以请问一下,为什么不给我停车场的钥匙?"他们的回答是:"雷夫,如果我们破例给你,是不是也要给其他老师呢?"

"不不不!"我心里暗自呐喊,"当然不必全给。牺牲周末义务做辅导的老师才有钥匙,你们可以明讲嘛!"当时得到他们这样的答案,我心里自然不是滋味,还好我早已把自恋丢一旁了。虽然心情沮丧,我终究能够在周六早上站在校门口等门卫开门。记得那天阴雨连绵,寒风刺骨,是典型的加州天气,五十名学生也陪我淋雨吹风。

大伙就这样苦等了十分钟,才看到姗姗来迟的门卫先生(他在校时间不到一年,却配发停车场钥匙)。我向他道声"早安",他报以心不甘情不愿的嘀咕,然后才让学生一个个走进教室。

这天整个上午,五十位上进的学生就这么齐聚一堂努力。他们看完《泰特斯·安德洛尼克斯》(Titus Andronicus),经历剧情的风风雨雨,也听完我的冷笑话,大家在愉快的气氛下准备SAT。但是我必须注意下课时间,因为晚上我们夫妻要在家里举行一年一度的假日会餐和猜谜派对,会有六十名学生来报到。

后来,学生准时在中午十二点收拾书包回家,我走到门口却被挡了下来。是珍妮,她回来了。她参加去年的周末辅导,特地带来了好消息,她说她申请到了全美高中模范生奖学金。

珍妮兴奋的眼神让我动容。我们待在这地利不便的小城,但是小城却传承着芬奇律师的精神。看到珍妮,我所有委屈不平都灰飞烟灭,消失在蒙蒙的细雨中。

第九章

资深好教师难寻

许多家长力挺公立学校，可怜天下父母心，哪位家长不希望自己的孩子接受最棒的教育？但是回到现实，就算苏格拉底再世，都不能保证带好每个班级；更何况，并不是每位老师都身怀绝技，让孩子可以每天都带着兴奋的心情放学回家，这点你我皆知。糟糕的是，校园里老是充斥着经验不足的教师，他们根本无法胜任教学工作，居然也负起班级经营的重大责任。就算是孩子三生有幸，碰到几个出类拔萃的新教师，几年过后，这几位菜鸟老师也会磨成步伐缓慢的老牛，让教学品质又陷入恶性循环。话说回来，家长还是要支持老师。有些年轻教员就像众人皆醉中的独醒者，他们是校园中最孤单的分子。家长一句鼓励，可能让这些有抱负的老师继续发光发热，在教学岗位奋战几年；如果家长漠不关心，更可能让这些老师郁郁寡欢，三年内黯然离开教育岗位。我很自私，当然希望孩子打从一年级就遇到超级名师，等到他们五年级的时候，我正好坐享其成，接收一群坚强好学、敢与贫穷抗衡的学生。但如果优秀的老师不断阵亡，学校和孩子将永远得不到解救。

　　大家一想到教育问题，就会急得满头大汗，但是焦急之余却也不忘互相推诿。到底谁该负责？带来劣质文化的电视？教学不力的教师？还是对教育缺少正确作为的社会？踢皮球的把戏每天上演。

然而,似乎每一种指控都有点道理。不过教学工作无法落实的主因,应该是优秀人才老是不久居其位。你到大型市区学校逛逛,老师的年龄肯定让你大吃一惊,因为到处都是初来乍到的教师。在教育这行,经验的多寡决定教学的成效。

"只要是活人就可以教书",有人这样开玩笑,但是某位当校长的好友却说,这种说法太客气了啦!学校每年招聘的年轻人中,当然不乏佼佼者,充满教育热忱的也大有人在。无奈的是,这群教育尖兵很少能够撑过几年。

有些人迷失了生活目标,才到学校讨口饭吃。他们心里另有盘算,计划混个一两年就远走高飞,两只眼睛则总是巴望着日历,盼望暑假快快到来,然后飞到欧洲度假滑雪去。

但是这么下来,是老师惬意,学生倒霉。

这一年,"丛林"又多了几十位年轻的新面孔,我必须定期关心他们几位的教学状况。许多新进人员的确有本钱成为一流教师,可是他们就和美国其他地方的新教师一样,没头没脑地就走进了教室——前任教师留下烂摊子的教室。而且不管何时何地,这些菜鸟老师的经验谈也总是那么如出一辙,听来真叫人难受。

"蜂鸟"老师第一天站上讲台,授课对象是四年级学生。该班学生无法无天,她知道第一天就要给他们当头棒喝,非把规矩建立起来不可。这位气质出众、待人诚恳的"蜂鸟"老师,不出几小时似乎也真的搞定了这个班级,一切看来颇令人期待。只不过,有个小鬼不吃这套,既不配合也不专心。这天"蜂鸟"使尽浑身解数,花了好多工夫和他沟通,希望他能自觉自爱。可是最后,再有耐心的老师也会对这个小鬼失去耐性,于是"蜂鸟"决定让这个学生尝到代价。

当时全班的学生都埋首苦算数学，小鬼却朝四处乱掷纸团。"蜂鸟"走向前去，平静而沉稳地说："亚伯特，这是书桌。你知道教室为什么摆书桌吗？因为我们要写作业。如果你不用书桌，就请站起来，书桌让给别的同学。谢谢你的配合。"这个叫亚伯特的学生真的站起来，还往后退一步。"蜂鸟"把椅子靠拢说："很好，亚伯特，等你想通了再坐下。请你弄清楚，教室归我管理。我要你写功课，请你配合，我晓得你可以做好，了解吗？"

"了解。"亚伯特说。

"嗯，你就站几分钟吧，老师要教其他同学数学了，或许待会你就想通了。"说完，"蜂鸟"转过身去，看看其他同学是否算对。但是不出十五秒，几个学生却不约而同发出尖叫。

"蜂鸟"连忙转头，竟看到她完全没有料到的一幕：亚伯特居然脱下裤子，这下轮到老师尖叫了。"蜂鸟"一路冲进办公室，我看到这情况，自告奋勇帮她处理善后。四年级的小鬼居然有这种演出，她完全没有心理准备。不久后，亚伯特被我们请进副校长办公室，而"蜂鸟"即使惊吓万分，也依然硬着头皮回到教室继续上课。

下课时大家聊了起来，我特别安慰"蜂鸟"，称赞她处理得当。我告诉她这种状况真的太罕见了，不巧又发生在上课第一天。我也强调：不管碰到任何状况，都可以当成自我成长的契机。我还教给她一些方法，让她下次碰到类似状况可以临危不乱。

"下次呀？我会当场大笑，然后拿出皮尺。"她风趣地说。

想想碰到这等事,"蜂鸟"还能自娱娱人,有朝一日,她必然是一等一有经验的好老师。

一年过后,学校来了个"嗡嗡嗡"老师。她真是人如其名,像个蜜蜂一样,每天勤劳地教书,是个热忱和才干兼具的好老师。她第一次教五年级,学生不但粗鲁,学业表现更欠理想。虽然"嗡嗡嗡"每天都很勤奋,成绩就是没啥起色。

她每天六点十五分以前到校,写的教案翔实又扎实。如果"嗡嗡嗡"在中产阶级家庭的孩子们所处的学校教书,保证成为大红人。她的班级真是难搞,就是资深优秀教师接手,恐怕也是无从施力。这群学生的阅读程度仅仅能媲美一年级,会背九九乘法口诀的更如凤毛麟角。"嗡嗡嗡"梦想改造全班,只怕希望渺茫。

虽然所有客观环境都不利于教学,她还是勇往直前,排除重重险阻。她开设课外辅导班,利用放学后的一个小时义务指导孩子功课。因为"嗡嗡嗡"没有教师证,下课后她还得立刻赶去参加修习班,那是专替"没牌"老师开设的无聊课程。

由于"嗡嗡嗡"是新教师,校方特地为她安排了一位师父。这位师父名满教育界,新老师都尊其为"督察"。

我先替"督察"美言几句:这位仁兄从不请假,教学态度更是正经八百。许多学校都有这类人物,他们误以为"正经"等于"效率"。诚然,这号人物的教学效率往往欠佳,要当新手的师父还有待考虑。

举例来说,"督察"动不动就对学生咆哮,整个班级都屈服于他的怒威之下。而"嗡嗡嗡"是班级经营的高手,居然要尊其为师父,情何以堪啊!不止一次,"嗡嗡嗡"感到心灵受到创伤,只因迫不得已必须聆听"督察"的批评训示。一想到这些事，"嗡嗡嗡"真想一走了之。在教学的路上，这些无理的干涉总会让人心灰意懒，年轻又杰出的教师感触尤深。

有次"督察"观摩阅读教育，"嗡嗡嗡"如临大敌，一切按照教师手册授课。这场教学演示顺利成功，每个学生都乖乖地完成了指定作业，给足了导师面子。可是等到下课钟响学生离开教室，空荡荡的教室只剩绷着脸的自己和板着脸的"督察"时，那气氛真教"嗡嗡嗡"度秒如年，紧张不已。

首先，"督察"以他在教室后面待了一节课的观察，以其专业角度提出改进教学的建议。耐人寻味的是，这建议无关课程内涵、学生反应或者是教学态度。建议很简单："嗡嗡嗡"应该在讲桌上展示出教案。其实，教案白纸黑字就印在教师手册里，只需影印即可；"嗡嗡嗡"也早已影印一份，只是没拿出来。"督察"还不满意，居然要求她用手抄写一份。用手抄写？每天必须多花半小时，这样无异是浪费时间，"嗡嗡嗡"当下跟他抗议。"督察"大人立刻皱起眉头，并以极低的分数作为要挟。形势比人强，"嗡嗡嗡"只好牺牲午休时间，好好练习英文的笔画笔顺。

终于，"嗡嗡嗡"挨过了新手的第一年，表现可圈可点。到了学年最后一个星期五，这天上课时间特别短，学生在十二点二十分放学，而不是平常的下午三点整。再过短短五十六个小时之后，就会有别的年级到校上课。在我们这所全年无休的学校，是没有所谓寒暑假的。

然而就在这天，"嗡嗡嗡"收到学区教育部门的通知书，上面写着："学区尚未收到阁下完整资料，如果未在下午三点前补齐,下周一工作难保!"嗡嗡嗡"惊恐万分,立刻冲到市中心的教育部门补办手续。到达办公现场时,她竟然发现几百名和她一样的新老师早就大排长龙——大家都收到同样粗鲁无礼的通知书。而教育部门承办人员总应该将心比心,体谅当事人的心情,给予一些安慰说:"造成大家的麻烦,真是不好意思。各位老师在教育领域尽心尽力,仅代表学区致谢。我们也晓得这项规定荒谬无理,但我会全力协助各位,让各位可以安心回家度过周末。"

可是没想到,好不容易轮到"嗡嗡嗡"时,办公桌后方的小姐竟冷冷地说:"太晚了,现在已经下午五点,我们准备下班。"她说,如果"嗡嗡嗡"能在明早补办手续,下周一还是可以收到聘书的。

第二天,"嗡嗡嗡"起了个大早,清晨四点半便抵达现场,居然发现早已有人捷足先登——超过五十名老师干脆睡在板凳上过夜。后来,就在她及时填完表格时,承办人却要求她提供指纹。"嗡嗡嗡"解释,早在年初即已提供指纹。承办人不吃这套,不耐烦地说查无此项资料。"嗡嗡嗡"只好照办,转战别处再排一次队。承蒙老天眷顾,"嗡嗡嗡"终于跑完这些折腾人的流程,周一能够到校迎接新的班级。"嗡嗡嗡"是否真能日复一日地站在教室门口迎接新生?时间会证明一切。

相较于"蜂鸟"以及"嗡嗡嗡"两位女老师,"棒球"老师就懂得自保,而且老练许多。他有满脑子的想法,还没投入教育界就洞悉出教学的困境。他也熟悉学生的背景,晓得所有的活动和教案必须暂时束之高阁。"棒球"幽默风趣,善解人意,很受学生的欢迎。放学过后,他还留在校园陪学生踢足球,因为许多学生根本没有父亲。"棒球"关心学生的未来,是亦师亦友的好伙伴。他也热爱文艺,为了提升学生的写作技巧,甚至设计出创意十足的作文教学。老实说,他这班四年级的英文程度真是差到不行。

在"棒球"老师的班上,最崇拜他的学生就是巴比。巴比没有爸爸,妈妈晚上还得上班,因此家里常常空无一人。正因如此,巴比放学后总会在学校逗留很久,他常在操场打棒球,天黑了也还不回家。这时,操场上只剩一些不良少年,他们就像无所不在的兀鹰,四处搜寻落单的小学生。有一天,巴比央求"棒球",希望放学后可以陪他打球。"棒球"虽然很想留下来陪他,但是看到班上其他学生天黑前就已经回家,他知道自己也必须离开,否则谁也担不起和学生独处的风险。因此这天傍晚,巴比还是和往常一样,孤零零的一个人待在操场上。

有一年,有个叫"无能"的老师接到学校聘书,只因为他会讲某种冷僻的语言,校方以为这样就可以照顾到特定族群的学生。但是"无能"的英语真是烂得可以,大部分的学生跟他对话,都觉得在鸡同鸭讲。可是"无能"的师父倒是负责,还鼓励徒弟美化教室。因此"无能"在教室张贴海报,希望提升学生的写作技巧。海报的标题下得好:"写好句子的秘诀。"但是,第一条守则竟是:"开头要大写!"原来,学生作文写不好,是有原因的。

我讲得这么直白,心里也很遗憾。教书的第一年真是大考验,而学校居然招聘许多这么不合适的老师。他们的态度各异,有的懒懒散散,有的埋头苦干,但都有一个共同点,那就是缺乏卓越教学的特质。他们霸占讲台,却从不在乎台下的反应;他们传授知识,却少了够格的教育背景;他们领了薪水,却不必为后果负责。而且更糟的是,有的人犯了严重过失,竟然完全不必负责!

但是说真的,他们聘任不适合的教师,还不算最严重的错误;最不应该的,是不懂把握好的老师。学校偶尔也会碰到教学卓越、潜力十足的年轻教师,而"光明"老师就是其中翘楚。她不但天资聪颖,学问一级棒,对学生更是体贴备至。她饱读诗书,更关心学生的阅读程度,对他们期盼殷切。"光明"的上进心很强,经常向资深优秀教师请教,随时从前辈身上汲取教学的养分,是卓越的教育人才。更难得的是,卓越的她永远追求卓越,但是有些行政人员并不欣赏这样的风格。因为她会提出质疑,让大家思考教育哲学,而且她不会对领导毕恭毕敬。她不是乖乖女。

有一年好运降临,"光明"获得攻读博士的机会,能在世界一流名校进修。只要留职停薪一年,博士学位手到擒来,又可以回到学校贡献所学。这在人才贫瘠的小学,真是前所未有的大新闻。想想看:拥挤的公立市区小学,居然有幸招致学识和实务兼具的大博士!

但是行政人员通知她,如果离开学校去读博士,以后再也别想回来,因为"现在正缺人手"。这位仁兄语重心长地说:"学校经营得辛苦,每位行政人员无不恪尽职责、兢兢业业,但你却要远走高飞。现在外面不景气,能窝在学校当老师,算你的福气! 不知惜福的老师,我们不欢迎。"依照逻辑推论,行政人员应该竭尽可能重用"光明"才对,大家心里应该暗自窃喜:"一定是上帝眷顾,本校才有机会让优秀同仁攻读博士,我们的学生有福了!"但是实际状况并非如此,他们的意思竟是:"要滚就快滚!"

最后,"光明"真的离职了。这样优秀的新进教师留在学校,能够造福多少莘莘学子啊! 失去"光明"的班级怎么办? 这不打紧,下学年将由"无能"接任。

第十章
教学生理财

我曾和一位好好先生共事,他每年打数学分数的时候,总是大发慈悲,让每个学生都得"A",但是学生连加法都有问题。我忍不住开口跟他讨论这件事,他却自有一套说辞:如果学生不排斥数学,总有开窍的一天。但我认为,既然老师不必为其教学成果负责,这出皆大欢喜的戏码每年上演,学生便会天真地认为自己是数学高手。几年过后,等到他们恍然大悟时,所要面对的现实绝对会让他们相当痛苦。

学会算术很重要

为人师表的朋友们,我要请你们对学生坦白。学生晓得自己的斤两,才有改进的动力。学生的数学不理想,当然也不必张牙舞爪恐吓;优秀的老师会告诉学生真相,然后立刻以乐观的态度激励他们,让他们预见美好的未来。

在许多成人的记忆里,数学课可名列现代十大酷刑。通宵演算棘手的代数,可能是大家共同的回忆。我们依稀记得,几何的定律与推导一如《死海古卷》(Dead Sea Scrolls),大概只有上帝能懂。

我担任教职的初期,归纳出两点心得:第一,大部分的小学生都爱算术,而且表现还不赖。数字是放诸四海皆准的语言,就算在语文程度偏低的"丛林",学生的阅读和写作程度都惨不忍睹,数学成绩却还不赖。但第二点就让人难过了:小学数学成绩优异的孩子,升上中学就走了样。孩子智商依旧,因此问题不在他们。

每年洛杉矶学区总会举办数学竞赛,学校指定我当代表队的指导老师,因为在这之前我已有训练代表队的经验。我请别的老师提出推荐名单,然后从中挑选成员。

有位老师立刻跑来找我,她就是德高望重的"书呆子"老师。她开门见山告诉我:不必花时间挑选手了,她班上就有六名数学天才,绝对有本事为校争光。当时我资历很浅,碰到热心的同事当然感激万分,当下就请这六名学生到我班上进行测试。我发下十道题目,希望他们来解题,将答案写在同一张纸上。结果全军覆没,没有一题答对。

我只好据实以报,告诉"书呆子"我要另请高明。她却一把抢走答案卷,气急败坏瞪着得意门生的成果。然后"书呆子"眼睛一亮,露出一副"被我发现了"的神情,并且大声叫着:"难怪学生都算错! 这不是数学,这根本是'阅读测验'。我上数学课从不教阅读测验,我们只上数学!"

听到这番话,我才总算见识到公立学校传授数学的态度。许多教师费心教导学生加减乘除,这点不容抹杀,但是有更多老师的数学课很烂,甚至完全不上数学的老师也大有人在。

我的学生在学校待了五年,他们聊起数学老师真是如数家珍。他们遇到过不尽责的老师,接连好几天不上数学课。也有老师只教基本运算,至于需要认真思考的问题则绝口不提。老师为什么偷懒? 可能是不愿多花心思,或者本身数学能力不足,根本无法解题。有些老师就因为自己在学生时代痛恨数学,而任由同样的悲剧在自己的班级上演。

我最近参加了一场数学研讨会,主持人设计暖身活动,要大家解决简单的心算。大部分的小学老师都算对了,但是我身边的老师却大言不惭,认为小学数学没啥好教的,听了真让人惊骇。接着主持人又出题目,竟然有人给了这样的答案:"十七减十一等于七"、"一百的平方根等于五十"。主持人当下纠正,几位老师哄堂大笑说:"哎呀,本来我们就不是尖子生嘛!"

数学差劲的老师虽不是常态,却也不是特例。在本校,许多老师压根不教基本运算;就算替学生着想好了,他们也不愿调整心态接纳数学。我不禁怀疑:万一医生不懂解剖学,试问社会能够容忍吗? 怪就怪在大众居然容忍无知的教师,以致整个社会付出惨痛代价。

班级经济活动

本书不是数学科教材教法,新手教师可能要失望了。不过以下经验非常成功,我愿意提出来和诸君分享。这个点子把经济活动引进班级,内容包罗万象,引导孩子以数学的角度体验重要的观念。这套规则运作以后,孩子的问题减少了,更因此培养出卓越的人格,让他们勇敢迎接未来人生。时至今日,许多学校和家庭都采用类似方式调教孩子。

这个点子和其他成功案例相同,都经过多次失误修正。这源于有一天我突发奇想,想到自己的财务问题,还想到一位优秀的学生。这位学生称得上品学兼优,却不会洗衣服。他叫乔恩。

乔恩是我早期的学生,天资之聪颖难得一见,这样的高徒让我的教学生涯充满乐趣。他勤奋好学,好奇心强,加上个性豪爽慷慨,十足是个领袖人才。乔恩的母亲在工厂做苦工,每周工作七天,辛苦扶养儿子长大。后来,乔恩克服人生困境,申请到全美一流大学,他的电脑知识一向很强,十一岁就能够自行组装电脑。

乔恩变成大学新人的头一个星期,突然打电话给我,说是遇到严重的麻烦。我心头一紧,还没等他说出真相,就已经盘算着如何汇款给他,或是给予精神上的鼓励和支持,毕竟孩子第一次出远门。结果一问之下,原来是这个优等生的内衣染成了粉红色,却找不出原因。光靠心算就可以解出微积分的乔恩,觉得物理题目都是小 case 的乔恩,洗衣时竟然不知道把浅色和深色衣物分开。

当天晚上我彻夜难眠,想到乔恩这件事就忍俊不禁。虽然这次运气好不需破费,但我也想着自己多次理财不当,竟然要借现金度日,真是愚不可及。在乔恩心目中,我一直是他最敬爱的老师,这让我开始思考前因后果。没错,乔恩在班上过得充实愉快,我也传授读书诀窍给他。他本来就是好孩子,而我只是提供举手之劳罢了。不过我也暗自思量:"好老师"的定义为何? 突然间,我感到灵光乍现,兴奋得睡不着觉——其实,好老师传授的技能不但有益于课业,更有益于未来生活。

因此,我整晚没睡,想着如何设计这个教案。我认为,我应该反求诸己,好好检视自己曾经犯下的错误,再把经验传授给学生,让他们不要重蹈覆辙。这就是我想实行"班级经济"的来龙去脉。

于是在开学第一天,我要学生必须决定自己在班上的职业。我发下招工需求表,学生必须照实填写。至于难度较高的职业(例如银行经理),学生必须花几天时间取得其他老师或大人的推荐信,证明确有能力胜任该职位。

以下就是本班需要的人才(含虚拟薪资):

职业	薪资(美元)	工作描述
银行经理	六百元	服务四到六位同学,必须精通算术、为人正直。必须替同学办理现金存款和支票兑现,并和其他经理协调合作。需要四名。
管家	六百五十元	管理指定区域,保持教室一尘不染。一名必须每天刷洗水槽,两名每天至少扫地两次,其余替橱柜打蜡并清洁书桌。(这份工作薪资高,因为我喜欢教室干净。多亏这群小管家,老师不需多花心思整理教室,可以全心全力教书。)
评分员	五百七十五元	需要评分员两名:一名负责语法作业,一名负责拼写作业。评分员只需比对答案,细心的学生就可以胜任。评分员帮我省下许多阅卷时间,让我专心教书,并且放心批阅难度较高的作文。周五放学前拼写评分员会把考卷带回家,下周一再交给我。每天早上语法评分员搜集作业,午休后再还给同学。
联络员	五百二十五元	班上需要两名跑腿的同学,当作班级对外的窗口。联络员还要传递口头信息,因此必须由讲话清晰的同学担任。此外,他们也要认识办公室的行政人员。
警员	五百元	警员的任务有下列几项:第一,巡逻班级的"管区"。警员备有辖区内学生的名册,碰到违法事件就要登记。第二,收集犯规同学的罚金。班上通常配置三名警员。
视听设备管理员	五百七十五元	班上的录影带和CD超过四百件,需要管理员整理分类。周五的作业可能需要CD,同学可以向管理员登记,下周一归还。
资源回收小天使	五百五十元	本班有两名小天使,每天回收废物。他们必须把瓶瓶罐罐送到学校指定的回收站。

续表

职业	薪资(美元)	工作描述
点名员	四百七十五元	担任考勤员的同学,一定要准时到校。每天点名会安静地点名,然后收集请假条。这是全班最单调的工作,因为百分之九十九的学生整年全勤(就算感冒的学生也坚持到校上课)。
小秘书	五百五十元	我需要三名小秘书,他们每天帮忙收发作业,并把老师的教具整理好。什么东西放哪里,他们比我还清楚。
体育器材管理员	四百八十五元	管理员负责点收班级运动器材,包括篮球、排球,以及有氧训练需要的器具。
图书管理员	五百二十五元	管理班级图书,处理借还书手续。

我告诉同学,班上每个人都必须自食其力。为什么?因为每个人都必须付租金,才能使用桌椅!本班桌椅分成五到六个区域,学生尽量面对面坐着,这样能增进合作学习以及同学情谊。师生利用班会讨论,依学生喜好将各个区域命名。教室前方属于黄金地段,租金当然水涨船高;后方区域的租金较低廉。例如,某一年本班空间便根据洛杉矶的地段命名:

地段名称	地点及租金(美金)
贝尔艾尔(Bel – Air)	教室前方,每月一千元
比弗利山庄(Beverly Hills)	教室中央,每月七百五十元
好莱坞(Hollywood)	邻近视听书柜,每月七百元
圣塔蒙尼卡(Santa Monica)	靠近开饮机,每月六百七十五元
贫民窟(Skid Row)	教室后方,每月五百五十元

另有一年,因为学生改变喜好,想要根据百货公司命名,因此我们班上有了布鲁明戴尔(Bloomingdale's)、萨克斯第五大道(Saks Fifth Avenue)等各大购物商场!

如此一来,教室气氛又更加活络了起来。

缴租金和续租

　　每月最后一个星期五,是同学缴租金的大日子。年初每个人都会收到一叠支票,这是我用电脑彩色打印、专属于"丛林"的支票。我教学生如何开支票,还有结算兑现的方法。我还给每人一张表单,让他们可以记录支出和存进的资料。

　　如果你够细心,一定会发现,就算坐领高薪,也未必能进驻黄金地段,这就是我们"班级经济"的特色。万一学生到了缴租金那天付不出钱,就得依照规矩"搬出"座位,然后坐到地板上课! 学生怎样才能存到足够的金额? 我鼓励学生赚取额外的"奖金",这就是"班级经济"的激励规则。表现突出、安分守己或者自告奋勇参加特定活动的,都可以赚取奖金。相反,如果学生违规,就会收到警员的罚单。以下就是本班的奖金和罚金规定:

奖金规定

金额(美元)	对象
五十元	拼字全对,若是连续三次全对,第四次以后奖金加倍
五十元	任何测验九十分以上
两百元	任何测验满分
五十元	完成当周视听作业
一百元	当月全勤
一百元	提早到校学习数学
一百元	留校排练莎翁戏剧
一百元	参加学校交响乐团
一百元	参加学校合唱团
一百元	午休时间跟雷夫老师学吉他
两百元	受到其他老师的赞美

罚金规定(再犯者罚金加倍)

金额(美元)	对象
五十元	迟到
五十元	作业缺交
五十元	态度不当,例如同学发言时没认真听
一百元	桌面脏乱
五百元	说谎

　　不管是奖金还是罚金,一律以"现金"解决。我用电脑印出班级钞票,然后送到"金考连锁影印店"以高磅数的纸大量影印。每年钞票都要换色,免得学生向师哥学姐要以前发行的钞票。"班级经济"的另一用意,是提醒孩子随时关心金钱流向以及财务安全。

购买所有权

　　上面活动不算什么,最有趣的在后头!学生在任何时间都可以购买"雅座"(也就是他们的座位),只要付出三倍租金,就可以拥有该座位的产权。举例来说,如果该区租金每月八百元,你只要开出两千四百元的支票就可以变成户主,不需支付租金。这样鼓励学生存钱购买产业,让他们体会不动产的好处。

　　最刺激的是,学生还可以收购他人产权,变成小小地主。如果学生成为地主,就可以向同学收取租金。不用想也知道,学生一定铆足劲存钱赚钱。致富的原因无他,就是努力工作、事前做好规划而已——他们很快明白了这个道理。可是,"道高一尺,魔高一丈",我必须规定租金上限,因为有些地主居然会哄抬租金价格!

　　这套游戏规则不只如此:每年十二月十日及四月十日,拥有产权的学生必须乖乖纳税,他们必须在四月十五日前完成申报手续。如此一来,学生经由寓教于乐的方式,便可以学习数学、记账、理财以及税收规则。不要小看这套游戏,他们可是玩得津津有味哟!

月底拍卖

每个月底,所有支票都已存入账户,租金也已清算,我就会举办让学生为之疯狂的"班级拍卖会"。竞标商品琳琅满目,教具、艺术资料、书籍还有体育器材,这些都只能算其中一小部分而已。在拍卖现场,学生获益良多,他们高声尖叫,激动不已,就算华尔街资深营业员出马,恐怕也掌控不了这种热闹的场面。在这里你会发现,有些学生出手阔绰,顷刻花光所有积蓄;有的深谋远虑,打算存钱购置"雅座";有些学生则是不为所动,计划年底再出手,他们晓得雷夫老师藏着好东西,岁末才会一次卖出。大家不仅学会了储蓄和规划,还学到一个最重要的观念——先苦后甜。

其实这套规则早就实行了好年了,许多家长就是这样调教孩子的。孩子如果不清理房间或帮忙做家事,搬出奖惩办法立刻见效,家长再也不必唠叨。许多孩子在家伸手要钱,但是在社会上的状况却是"无功不受禄",付出劳动才有钱拿。如果孩子想在周六拿到五元钱,家长必须开门见山讲清楚:晚餐帮忙洗餐具,房间清扫干净,衣服丢进洗衣机洗净,否则免谈! 如此一来,家长也可以省下口舌,不必和孩子讨价还价,也不必讲大道理,套用芬奇律师的那句简短温和的口头禅就是"请便",一切由他们选择,这样就够了!

假如孩子不尽义务,却开口要钱看电影或和朋友逛街,一切免谈!孩子本来有机会赚取零用钱,只是不珍惜机会罢了。今天许多孩子不但懒得追求生命意义,也没能力争取自由以及快乐,把一切视为理所当然。欣赏电影和参加舞会都是很棒的消遣,但消遣是"特权",既然这样,就要努力争取,要赖求情一概无效。真实社会就是这样,孩子越早习惯这种模式,以后的成就越大。

"班级经济"的另一项好处,就是激发学生无穷的创意。像菲利浦,他就有满脑子的生意经——他竟然在班上成立保险公司!他亲自拟定保单条款,让同学可以支付罚金。如果"客户"缺交作业,保险公司会支付部分金额。这下有趣了,因为真有同学未雨绸缪,利用保险来支付迟到罚金。菲利浦会调出当事人的出席纪录,然后专业地拒绝上门生意:"先生,非常抱歉!您的出席纪律不尽理想,敝公司无法承担风险。"现在,菲利浦就读于知名大学,主修企业管理。

另外,还有一个既具创意又让人气恼的学生,他叫肯恩。这个孩子拥有十足的创意,在班上常常大放厥词,他就是懂得操纵这套规则。肯恩虽然聪明,却是我教过最懒散的学生之一。他时常忘了写作业,累积一大堆罚单,开学才三个月,他就要坐到地板上课。关于坐地板这件事,我曾和他妈妈沟通,她也举双手赞成,因为肯恩在家也是大懒虫。她以儿子的聪明为荣,但是儿子的懒散快把她逼疯了。我们还为了这件事开班会讨论,肯恩也承认自己的过失,甘愿接受班规处分。

隔天我照常在早上六点十五分到校,但是肯恩早就来了。他站在教室门口,脖子上挂着一张自制的牌子,上面写着:我是越战退伍老兵,需要同胞解囊相助。这小鬼手握杯子,露出祈求的表情,向每个进教室的同学大敲竹杠!想不到,放学以前肯恩居然就募到了钱来缴清罚单,免除了被"扫地出门"的厄运。我忘了自己最后是否放他一马,但不得不称赞他的创意。现在,肯恩忙着拍摄纪录片,他是筹措捐款的高手。

我这个做老师的,该说的都说了,该教的也都教了,终究还是希望学生能够享有快乐人生。我目睹许多学生家境清寒,特别设计课程让孩子抓紧机会,尽快跳离贫穷的循环。因为贫困会让人丧失美梦和理想,只有填饱肚子才能顾到脑子。光是激励学生自力更生是不够的,他们不懂如何使力。而通过"班级经济",学生了解到理财的要领,也懂得一切必须事先规划,然后才能赚取所需达成梦想。愿上天保佑这群孩子,让他们在往后的人生也能运用课堂上的理财技巧。希望他们有天忆起当年和雷夫老师在一起的日子,心中洋溢着满足和快乐。更重要的是,我希望学生成家立业以后,还是认定课堂所学受益无穷。黑人领袖马尔科姆曾经感叹身在这个国家,却不属于这里。我希望学生在这片土地认真打拼,不要只当个过客。

第十一章
我心目中的特长生

艾迪是个很聪明的孩子。他来自萨尔瓦多，到美国不过三年，就已经讲得一口流利的英文。他幽默风趣，精力充沛，心地善良。艾迪对教学特别热爱，他显然是数学代表队的第一人选，代表队在他的护航之下，过关斩将的几率必然大增。事实上，全靠他一人之力就可以搞定所有比赛。春季举办的数学竞赛，艾迪每项都夺得冠军，别的选手只好靠边站。在我看来，这样的成就并不意外。

周一的时候，校方集合全体学生，艾迪站在一千多人前面接受颁奖。艾迪替学校立下汗马功劳，大家都觉得光荣，所有的行政人员和教师无不感到骄傲，都为这位杰出的学生高兴。

一个小时过后，我待在保健室安抚艾迪，因为有五六名学生显然并不感到光荣，他们给了艾迪好看，在他脸上留下血淋淋的鼻子和撕裂的嘴唇。难为你了，特长生。

特长生的现实处境

那么，在这个充斥着庸俗文化的大环境里，天资超人的特长生们该如何自处呢？我何其有幸，能够和一些禀赋优异、才能特殊的学生相处二三十年之久。每天和艾迪这类优秀的孩子朝夕相处，给了我很大的感触。"丛林"卧虎藏龙，但是不仅校方忽略他们，周围的人还经常泼他们冷水，同学就更不用说

155

了。事实上，在学校体制里，每个阶层的人都可能扼杀特长生。

我到"丛林"的第一年，发现班上四十名学生中有八名属于资质和才能特优的学生。这类学生又要如何认定呢？通常，校方会成立委员会，网罗行政人员、教师以及家长，根据学生的智商、多年来的表现以及标准化测验来认定。在常态班级编制的政策下，这类学生都暂且和一般生上课，再由老师安排额外时间个别教导（但是有的老师不予理会）。有些学校则每天让这类学生与其他学生分开一段时间，让他们接受特殊训练，就像乐团或合唱团学生接受演练一样。也有学校干脆成立特长生班，让各路高手齐聚一堂。

本校有不少热心的老师，他们自愿当起伯乐寻找千里马，所以常会看到有些老师兴冲冲地走进委员会办公室，提高音量说："我找到特长生了！他很适合个别化训练。"我有一项业务就是培训特长生，而这群关心优质教育的老师无异帮了大忙。我和其他同事利用下班时间出席委员会，保障特长生追求完美的权利。我们把特长生当成刚出土的原矿，希望他们有机会接受雕琢，变成熠熠生光的宝石。

然而，有人努力挖宝，就会有人拼命扯后腿。假定某位学生可能适合资优教育，委员会就会启动，评估该生是否有机会和其他高手一起训练。然后你就会发现下列这番对话屡见不鲜：

委　员　会：老师好！我们接到好消息。经过大家评估，贵班的比利有资格进入特长班，您真该以他为荣！

"扯后腿"老师：你们不可以把比利带走！他是我最得力的
　　　　　　　　帮手。

委　员　会：您的意思是？

"扯后腿"老师：我的班级不能没有他。他帮我改考卷，还把
　　　　　　　　教室扫得干干净净。

委　员　会：嗯，这都不是学生应尽的义务。

"扯后腿"老师：但比利是明星，让我们班闪闪发光呢！

委　员　会：让班级闪闪发光？这不是您的职责吗？

"扯后腿"老师：哼！你们懂什么！

我懂。你每天忙得像陀螺，能干又聪明的学生让你笑容满面。我们看到学生表现优异，常常志得意满，自以为是教学成功的结果，其实这不过是幻觉罢了。尽责的老师就像一盏明灯，引导孩子找到学习方向，并且提供全新的观点和经验。但是"天赋"是学生内在的特质，这是教不来的。在教学上，你往往得不到如意的结果，偶尔看到表现突出的，当然让老师心花怒放，这是人之常情。虽然如此，我们还是要时时提醒自己：任何教学的决策都必须谨慎小心，务必以学生的最大利益为考虑。万一学生非得转班才能发挥专长，那就放他高飞吧。

特长生的多元发展

我和学生相处久了，得到许多宝贵经验。如果一般的学生能够解决二十五道数学题，特长生往往会被要求完成五十道题，但是增加数量不是帮助特长生的好方法。我认为，老师还是要给特长生二十五道题，但是每题都要合乎程度上的需求。

特长生需要挑战并付出努力,就是不去浪费时间。如果一般生还在反复练习的阶段,没有理由叫特长生跟着原地踏步。老师都不忍心放弃落后的学生,但是也不该绊住向前冲的学生。有些班级会出现一种让问题更复杂的情况,那就是请特长生当小老师,协助落后的同学。虽然特长生由此发展出同情心,也算班级经营的正确方向,不过老师务必谨慎而为。特长生需要花点时间关心同学的需求,但是他们本身也有需求,老师必须使其保持平衡。最好的方式,就是让特长生和一般学生拥有相同的学习时间,但是他们的数学题目较难,阅读教材更偏向文学化。其实,特长生的学习模式独具一格,他们和学习能力差的学生一样,都需要个别化教学。

特长生特别需要多方位发展。他们需要广泛接触各种领域,从中寻找发挥的方向。今日的教育决策者侧重阅读和算数,老师承受极大压力,只得牺牲艺术、音乐、科学、历史、地理和体育等科目。光是为了这两科的备课和讲授,几乎取代其他所有科目的授课时间。以"丛林"为例,每天算术和阅读的授课时间不得少于三个半小时。整天授课时间也不过七小时,下课和午休就占了一个小时十五分钟。老师要完成这两科以外的所有科目,只剩两小时十五分钟了。更糟的是,有些科目竟然从小学课表中蒸发了。绘制地图、涂鸦创作、唱歌跳舞、生物实验、文章创作都不再是孩子发散学习热情的渠道,无论是一般生或特长生都深受其害。试想,如果孩子不知文学创作为何,如何发展文学天赋呢?我不想因此束手无策,惟一解套的方法就是延长上课时间,寻回失落的课程。这并不是深奥难懂的道理。想想看,要是菜单上能多一些选项,再挑食的孩子也会回心转意吧。

我发现,在所有科目里,音乐和戏剧最适合特长生,因为这两种艺术能让拥有各种才能的学生齐聚一堂,各取所需。最近我的五年级学生演出完整版的《李尔王》,有个聪颖伶俐的女孩扮演李尔王的不孝长女高纳里尔(Goneril)。这个角色不好诠释,但是在她看来很有挑战性。另一个学生语文能力较弱,我安排她担任较小的角色,她也从背诵台词和上台演出的过程中得到成就感。这样一来,每个学生都可以发挥特质,大家在愉快和谐的气氛中共同演出。碰到音乐课,不同专长的学生摇身一变,变成演唱家、舞蹈家或演奏家。音乐和戏剧的确是最适合这类学生发挥所长的领域。

发现我给学生的家庭作业并不多时,许多到我班上观摩的访客都很诧异。我认为,孩子的在校时间已经远超过正常时数,我不想再增负荷,因此我会只给他们一小时内就可以写完的作业。毕竟,特长生能够表演完整版的莎翁名剧,可以解决复杂的代数问题,你很难再把他们当小朋友看待。但是一流的老师还是能抽出时间让他们打打棒球、聊聊偶像明星的八卦,或是和他们一起仰卧草地望着浮云。此外,一流老师也教得出追求更高成就的学生,他们会主动学习、自己给自己布置功课。举例来说,喜爱历史的学生会在家里钻研史学,喜爱音乐的学生会在家里埋头苦练,更别提热爱阅读的学生了。总而言之,精彩纷呈的课程让孩子意犹未尽,他们回家后不需督促都会继续探究深入。

而在这其中,家长的态度很重要,因为他们决定特长生的情绪。许多家长以孩子的表现为荣,但是过度在意的结果却适得其反。我认识的特长生几乎都有同样的抱怨：他们的父母和朋友竞争比较，不停地夸耀自家孩子的成就；他们还偷听到父母晚上打电话给朋友，聊天的话题总离不开智商分数或考试成绩。最后，这样的情况导致两种结果：第一，父母的炫耀让孩子心怀怨恨，并变得暴躁不安。简言之，父母的骄傲就是孩子的压力。试想：如果下次考试成绩不理想，父母会有怎样的反应呢？第二，有些孩子真以为自己是人中龙凤，变得傲慢自大，目中无人。不管结果怎样，家长都要引以为戒。家里有个天赋优异的孩子，绝对是件大事，但请把孩子视为独立完整的个体。特长生本来就有压力，家长过度炫耀的后果，可能会导致他们的憎恨和不快。讽刺的是——求好心切的家长必须注意——过多的压力会有反效果，会让望子成龙、望女成凤的美梦落空。均衡发展是培养孩子的最高指导原则，对被期待上普林斯顿大学的八岁神童更是如此。

"聪明不等于成功"，如果你家里有天才式的儿童，请务必让他们懂得这个道理。过人的才华不见得是生活愉快、事业成功、人际圆融甚至成功申请哈佛的保证书。和寻常孩子相较，特长生不过是拥有高效率的能力，让他们在学习的道路上敏捷快速罢了。许多学校过度强调资优教育，而让这群天之骄子变得自我膨胀，最后眼高于顶。资优教育必须强调谦虚。

借用杰出教师柯琳斯（Marva Collins）的名言："意志比智商更重要。"诚然，高人一等的能力绝对是上天的恩赐。但是人生在世，若要享受成功幸福的未来，智商因素只占极小的比例。纪律、努力、坚持以及胸襟，远比智商来得重要。

特长生的标杆

我在"丛林"掌握了特长生的发展方向,说来真是有幸。我没有独到的洞察力,也没有过人的智慧,一切都要归功于特长生中的特长生琼安。琼安就是开学第一天买早餐请我吃、却被我误会的小女生。如果璞玉碰到精湛的雕工,就会变成人间瑰宝,琼安和她的双亲即做了最佳的示范。

琼安的同学有五年级和六年级的,当时我还无法掌握音乐教学的诀窍,只能全力以赴。圣诞节前夕,全班打算开演唱会,我和学生席地而坐,设法为圣诞歌谣伴奏。六年级学生和我共同摸索一架便宜的键盘,我们努力尝试,希望圣诞歌曲婉转动听。我的音乐素养不高,教孩子音乐简直就是外行领导外行。我们摸索了半小时,琼安细柔的声音竟从后面传来:"这个小节要升 Fa、升 So 和升 La。"我们照此弹奏,结果出奇的好! 大家转头看着琼安,每个人都流露出不可置信的目光。

"你怎么懂音乐?"我惊喜地问。

"我的音感很好。"琼安平静地回答,语调中带些骄傲。

我请琼安到前面来,问她会不会弹钢琴,她点点头,便坐了下来开始弹奏。在这之前,我手边没有歌谱,大家只能听 CD 推敲出旋律和音符,但没想到,琼安在没谱的情况下,竟然弹奏出符合专业水准的旋律。全班为之震惊,同学朝夕相处五年,居然没发现琼安身怀绝技! 我问她为什么要深藏不露。

"嗯……"琼安接着说,"我还是五年级学生,应该把表现的机会留给师兄师姐。"我相信这是肺腑之言。

就在那周的周末,琼安请我去她家坐坐,师生一起切磋演唱会的伴奏。我走进她的房间,仿佛闯进金光闪闪的大楼:我从没看过这么多的奖杯和奖牌,至少有五百件!太不可思议了,我问她:"都是音乐比赛的战利品吗?"

"不是,"她纠正我,"大约一半和游泳有关。"谦虚的琼安忘了告诉全班,她是加州数一数二的少年游泳健将。琼安的父亲邀我参观下周六的游泳比赛,我当然一口答应。我目睹琼安的两场比赛:第一场琼安得到金牌,如同探囊取物;第二场赢得银牌,但是金牌选手的实力超强,应该有资格参加美国奥运代表队。最耐人寻味的,是琼安父亲的态度。比赛结束后,他总是在终点等候,体贴地帮女儿围上大毛巾,温柔地说:"琼琼,好棒!"不管琼安得到冠军还是亚军,父亲的态度始终如一,从不给女儿一丝压力,反倒是琼安会要求自己追求更完美的成绩。看完两场泳赛,我仿佛闯入教育的宝山,挖到琼安的秘密:原来她的谦逊、运动家风度还有同情心,全来自良好的家庭教育。

回想琼安在班上的日子,我脑海中即刻浮现许多美好的画面:学生们心情开朗,活力十足,教室里每天都充满着欢乐的气氛。我从孩子身上获益良多,但直到一年多过后,我才惊然发现了最大的收获。当时班上有个名叫强纳生的男孩,他拥有多项惊人的不良纪录。这孩子外表看似粗野,其实内心敏感而善良,芭芭拉和我都很疼他。强纳生来自问题家庭,我可以体谅他的愤世嫉俗,虽然外界有许多八卦流言,但是这孩子从不和任何人提起;他禁止别人碰触内心脆弱的伤痛。他的亲戚不是身陷牢狱就是诉讼缠身,他的行为偏差源自上一代。

强纳生的背景特殊,他在班上算是边缘人物。同学会和他打闹嬉戏,但是绝少邀他到家里玩。毕业前夕,强纳生和同学参加年度旅游,大家一起回味"印第安战争"的点点滴滴,说笑之中全班深入黑丘陵,踏遍印第安酋长"疯马"冒险的足迹。后来,强纳生进入另一所中学,从此音讯断绝,我曾经以为再也见不到这个命运曲折的孩子。

我的学生总爱搞怪,常常会在我生日时替我办生日派对,我其实对此心知肚明(他们美其名是替老师祝寿,其实是想利用机会大吃零食)。但我向来会装作不知情,即使等到灯光全亮、笑声响起时,我也会瞠目结舌作态一番。不过这一次生日派对真的出乎我意料,想不到已经毕业一年半的孩子还记得我的生日!

当时是琼安的父母邀我参加圣诞节会餐,我算是她家的常客了,所以不疑有诈。琼安带我到车库(也是她的琴房)看新买的钢琴,没想到,惊喜就在那里面:去年毕业的学生就在门后,而且全员到齐。他们自动自发排练曲目,特别选在圣诞节献给老师。其实每周六的课外辅导班,许多毕业生都会来参加,但是看到他们全体齐聚一堂,也算是盛事一桩。

可是,就在我聆听学生献唱时,突然发现有点不寻常——强纳生居然现身了,他挤在正中央开口大唱。过去一年来,我听到许多闲言闲语,据说这孩子在学校是问题人物并且屡犯校规。许多学生基于同窗情谊,试着联络强纳生,这孩子就是拒绝现身。我猜强纳生大概不好意思,因为他让关心他的老同学失望了。

而这一天,强纳生居然出现了,快快乐乐地和大家歌唱。虽然我以前还算照顾他,但是我知道,他的出现绝对不是为了我,而是为了琼安。每个同学的现况都比强纳生好,敏感自卑的他不可能接受任何人的邀请,除了琼安。琼安珍惜那段朝夕相处的日子，她对所有的老同学都一视同仁，对大家都谦和有礼。在这一刻，我突然懂了，琼安就是特长生的标杆，她不只是天赋优异的学生，更是天赋优异的全人。

第十二章
家长们，盯紧学校

首先,让我先来谈谈我们工会的事……

我是洛杉矶教师工会忠实的会员。罢工的时候,我从不跨出警戒线,现在不会以后也不会。一九八九年时,工会发动教师大罢工,当时我还算菜鸟,却从罢工中得到许多宝贵经验。不管工会如何替优秀教师发声,待遇和努力永远不成正比,这真是千金难买的体会。

工会替老师费尽口舌,让大家享受完备的健康保险,我很感激;他们为了提高教师待遇,不惜采取激烈手段,我也感动。不过,在此我要大声疾呼,希望工会能够做出一项特殊的妥协——教师必须接受专业评定,并为所作所为负责。如果拙劣的老师不必付出代价,上级如何奖励优异的老师呢?差劲的老师(为数不少)会影响整个教师团队的形象,说到这里真让人灰心。我在工会认识许多优秀教师,这也是他们一致的感受。奇怪的是,这群顶尖的教师从不和工会嚷嚷,因为大家都想维系团结和谐的假象。

我们是同一阵线的教师,永远支持大家的工会。话虽如此,我们不得不面对残酷的事实:学校已经病入膏肓,学生终日生活在庸俗文化的环境,家长、教师、工会、行政体系、政客、企业以及社会大众都难辞其咎。近年,我因为教学方式渐渐得到认同,因此有机会和工会或行政体系的主管叙谈。我也碰过重量级的政客,他们反应敏捷,能言善道,个人魅力十足。这群优秀人才的专业领域不同,但是有一点却是非常一致:他们对学生毫无兴趣。他们无所不谈,举凡政治、税收和经济都有独到见解,就是不谈教育。学生阅读能力低,数学程度凄惨,他们一概没兴趣。教育问题不是迫在眉睫吗?

我想到一九八九年一位罢工教师的劝告。这位教师出生于密歇根州的弗林特,当地工运频繁,"罢工"是从小就接触的运动。记得当时大伙集结抗争时,她对我说:"雷夫,参加工会是一个不得已的选择,别太认真;学生才是你的焦点,千万别失焦了。"

如果你是家长或关心教育的大众,我必须提醒你:务必要监视公立学校的一举一动。看似平静的学校,其实内部暗潮汹涌。有了你的干预,一切都将为之改观。

家长也有责任

或许,我看待教育的观点很另类。我每天走进教室前,总不忘自我提醒:我为谁工作? 不是校长,虽然他为人和善,优点甚多;也不是校长的助理,有些助理随和客气,有些人见人厌;当然更不是学生,虽然有些老师认识不清,误以为学生应该参与教室的运作和决策,甚至可以与之称兄道弟。

其实,家长和纳税人才是我服务的对象。他们才是出钱的老板,我理当为他们付出。尽心尽力提供最好的服务是我的责任。但是这话说来容易,执行大不易,有些义务不会白纸黑字写在聘书上。我以过来人的角度来看,如想入教师这行,应该接受以下事实:教师难免碰到顽劣的学生;如果学生有需要,下班后理当加班辅导；教师大部分的时间要用来设计课程以及购买教室用品。我的妻子芭芭拉当了十五年白衣天使，她就算值完大夜班，责任依然未了。她要确定病人受到妥善照顾、身体舒畅无恙，并且详细交接给下一班的人员之后，才算真正下班。哪怕有位病人需要护士紧握双手或是按摩背部，芭芭拉都会毫无怨言地留院，有时甚至连续每天加班一小时。这是护士的职责，任何服务业都是如此，教师当然也不例外。

可是许多当老师的经常忘了本分，我身为教师工会的一员，不禁为此汗颜。工会替教师谋福利，这点我很感激。我们也领薪水混口饭吃，需要工会的力量以求自保，否则只好沦为刀俎下的鱼肉。我不会背叛工会，但是工会某些决策频频让我反对到底。行政体系总有不公不义、自私自肥以及蠢不可及的决策，工会总是恪尽职责保障教师的权利，这点令人欣赏。但是工会在保护会员的同时，却忘了教师神圣的任务，忘了学生的受教权应该永远摆在第一位。工会常常支持某项决策，该项决策伤害的正是优秀教师。伤害到好老师，也等于伤害到学生。

以小学来说，孩子在新的学年会不会进步，决定性因素就是：孩子的导师是谁！你的孩子将和这位老师相处上千个小时，老师决定教室的气氛，这点你我皆知；教室将是学习的天堂吗？课程是否充满挑战性又不会让孩子退缩？孩子受到重视吗？每天是否愉快？以上解答掌握在老师手中，我们过来人心知肚明。

而为人父母者，该如何保障孩子的最大潜能得到发挥？请把握期末的关键时刻。每年在这个阶段，校方行政系统开始运作，决定哪位老师接手哪个班级。在新的学年即将展开时，学校会举办"开放参观日",家长受邀到校参观,可以看看孩子的成绩单,和老师进行亲师交流。大部分家长此时会觉得责任已了,而放心迎接新的学年。下一次到校大概就是和新任班主任见面,顺便聊聊孩子的状况。那么,期末为什么是关键时刻?因为家长可以参与校方指派老师的过程。某些学校的家长甚至会参与教师聘任的过程,这是家长天经地义的权利。不过"丛林"的状况不同,采取类似运作的学校也不在少数,但我还是认为,家长实在有权了解校方的决策。

我的好友布莱恩是加州圣莫尼卡的学校校长,为人亲和力强,精力充沛。他曾经吐露担任学校领导的秘方,那就是"必要时使出法西斯极权手段"。当然这有部分也是他在说笑,但其中不无道理。如果校长作风强势,关心教育,并且掌控另派教师的大任,那么便可以营造最佳的校园气氛。这样的校长会考虑教师的需求和状况,最后他会斟酌各项因素,调整出最佳教学阵容,以满足学生的最大利益。就像棒球队教练决定出场名单的时候,也要规划出黄金打法和阵容,他的任务就是挑出最佳组合,掌握胜利的契机。

大部分的校长还算正人君子,碰到这等大事不敢草率,他们会拿出教师名单仔细核对,选出下学年的黄金阵容。就算几位教师都想争取相同的班级,校长的安排也要让大家心服口服。当然,教师的专业能力应该是人事安排的底线,可惜实际情况往往不然,而会碰到两难的情况,以至于"教师的人际关系"可能凌驾于"学生的最大利益";换句话说,工会的规则可能也是孩子的浩劫。

教育界怪事

"丛林"的状况不算特殊，但可以作为一种案例：这里有幼儿园，也有一到五年级的小学班级，教师多达一百二十五人。校方把教师分为三个年龄段，每个年龄段的暑假时间都不相同。教师各有其家庭生活，大家都希望下学年的日历能够配合私人计划，这是人之常情。比方说，长假的月份最好对应孩子或配偶的休假。根据工会聘约规定，安排人事之前，全体教师都有选择意愿的权利。本校的校长无权干涉教师的意愿，教师必须自行填写一份我们所谓的意愿调查表。

如何根据个人意愿指派班级？其中大有玄机。谁年岁长，谁讲话最大声，谁往往有优先权，这就是教育圈不成文的论资排辈。春风化雨三十年的教师，理所当然先挑班级，但是年头够久不表示教学水平就高。这惯例有瑕疵，因为万一资历浅的教师能力更强，如此的安排就绝非学生之福。不过在我们学校，光凭资历或能力还是无法吃香喝辣，学区的研讨会时数以及双语资格也有加分效果。在这套游戏规则下，拙劣的教师可能夺得人事安排的优先权，远远甩掉优异的教师。我们学校就有个人称"优异小姐"的女老师，她很不简单：比资历，她有三十年；比教学，她人如其名。她担任新手的师父，许多资历浅的教师都尊其为前辈，从她身上获益良多。在孩子眼中，"优异小姐"是他们遇到的最卓越的老师，这是在校学生和毕业校友一致的评价。但是，"优异小姐"居然排到一百零三名，真是匪夷所思。更让你难以置信的是：某些拔得头筹的教师，居然是还没拿到合约的人员！各位，不要怀疑。根据工会的聘任规定，各年级必须保留前面的排名给特定身份的人物,例如新进教师或双语教师。有些限制更离谱,甚至完全跟教学无关!工作不到一年的教师、连让学生专心上课都有困难的教师,居然取得优先排名;教学卓越的资深教师反而落在后面。这就是教育界怪谈,读者能理解吗?我是不能。

这种光怪陆离的现象每每造成严重的问题。全体教职人员勾心斗角、协商沟通甚至苦苦哀求,几个礼拜后,意愿调查表终于尘埃落定,教师交出了年级申请志愿。在协商过程中,行政人员和每位教师个别面谈,而且管理阶层和工会代表也在场。

本校有一百多个班,每个老师都要面临这种调动。大部分的教师都对新的安排感到满意——这可是行政处人员的心血结晶,他们居中穿梭斡旋,以皆大欢喜为目标。教师满意,教学成效当然提高,真是双赢的局面。

然而,凡事总有缺憾,总有人无法如愿,"唯我独尊"老师就是其中之一。他称不上顶尖教师,却也分配到想要的年级,但是班级却无法如他所愿。根据工会条约,不服指派的教师有权申诉,"唯我独尊"当然逮住机会。申诉成功就可以如愿以偿,但是比他优秀的教师就得靠边站了。

果真,"唯我独尊"的申诉有效。一个萝卜一个坑,他的职务改变立刻引发多米诺骨牌效应,多达十几位教师必须改变年级或班级。不仅老师的职务变动,影响所及更多达数百名学生,说不定他们原本可以享受较好的教学质量,却因为"唯我独尊"的坚持申诉,一切都改变了。

各位家长,请务必参与教师分派的过程,请务必睁大您的

双眼，不然孩子的前途岌岌可危。能够挺身而出替孩子大声疾
呼的，可能只剩各位了。

万一教师工会和校方管理层起了冲突，受害最深的肯定是
学生。双方最可能擦枪走火的引爆点，就是教师待遇。以现阶
段来说，教师惟一的调薪渠道，取决于研讨会的时数。这类研
讨会多在放学或周末举办，内容乏善可陈，说穿了根本就是浪
费时间。但是形势比人强，在意薪水的老师还是得乖乖出席。

另一方面，就算教师表现优异、教学成效斐然，还是得不到
任何实质奖励。教师工会坚决反对任何形式的绩效奖金，理由
是校方主管无法客观评定教师的表现，其实工会的考虑不无道
理。何谓"卓越的教学"？领导自有一套看法和说辞，想到这里
我宁愿和工会站在同一阵线。一般说来，领导喜欢唯唯诺诺、
永不反驳的老师。老师只要笑容可掬，把"关心孩子"这句话挂
在嘴边，开会从不举手质疑，肯定得到青睐。但是我要在此提
醒各位：一流老师永远突破创新、敬业精进，他们就是勇于
质疑！

像我在"丛林"的同事"聪明"老师，他就因为曾经得罪上
级，此后永远不得翻身。事情起因于一场数学研讨会，主席在
会中夸下豪语，说这一年全校每个孩子的数学分数势必都要高
过平均值。"聪明"以其数学专业当面纠正，他说每个学生的分
数不可能都高过平均值；依照统计学，一半学生得分在平均之
上，一半则在平均之下。"聪明"的专业曾让学生获益甚多，但
这次发挥专长，当众给领导难看，结果就是变成学校的边缘人
物。在校方主管看来，教师胆敢"捋虎须"就是与他们为敌，而
"聪明"不像平庸的老师那样从不兴风作浪，所以哪天绩效奖金

颁发下来,显然怎么样也轮不到他!因此,越是平庸,越是吃香,平庸的老师是校园里最吃得开的一群。在"丛林"这样的环境,哪怕是有了演说家兼作家道格拉斯(Frederick Douglass)或大哲学家苏格拉底这样的人才,他俩的排位应该也是在"一百二十四"和"一百二十五"名,正好用来垫底吧。所以,大家还是面对现实吧!

"无助"的老师

此外,对于学校行政人员来说,老师加班课外辅导的时间,或者志愿训练校队的时间,理论上都可以当作加薪参考,要保留这些纪录而给予奖励绝对不是难事。毕竟,这种奖励措施会增强教师延长上课时间的意愿,并且激励教师提升教学效率,可说是双赢策略。遗憾的是,很少有人会注意到这些卓越的教学。

如果老师不信,找个擅长教学的同事问问看,相信你会得到类似的回应。工会不断保障弱者,这点我很认同;但是我也希望工会能支持有能力的人,这样一定有助于改善教学品质。

我也知道,把焦点放在管理阶层,可说是于事无补。一九八九年洛杉矶教师罢工时,学区领导的对应之道相当特别,在我教书生涯中留下最劲爆的回忆。当时,学区领导想开除罢工的老师,但又知道实行不易,只能逐步进行。可是,情况迫在眉睫,这些罢工教师的班级怎么办呢?于是,学区快速给出一个解决办法,让许多领导亲自下海代课。"无助"先生就是其中一位。他听说本班程度优异,学生个个机灵,误以为经营良好的班级最容易上手。

在罢工前一天,我曾要求学生不得对代课老师无礼,要拿出平时的好表现。学生答应了,但他们只维持几个小时,到了数学课就不济了。我根据目击学生的话,呈现当时师生间的对谈:

"无助":各位同学,现在上数学课。你们的进度到哪一页了?请告诉我。

苏　珊:我们没有课本,我们正在学代数。代数课本太贵了,老师也买不起。他自己有一本,每晚请影印店影印给全班用。他已经规定全班一个星期的习题。

"无助":不得了,你们五年级就学代数!六年级的大哥哥大姐姐才学初级代数而已呢。

沙　朗:没有初级代数,代数就是代数!雷夫老师不信什么初级代数,他说那只是学区骗学生的话,因为那些学生连基本加减乘除都有问题。

"无助":我懂了。我看看你们的习题好吗?

约　翰:我们正在算多项式的因式分解。

"无助":你们老师怎么上课?

约　翰:雷夫老师先问大家昨天的作业有没有问题,然后开始问问题,老师讲到大家都会为止。

"无助":好吧,我以前学的数学有点生疏了,其实我的数学一直不太好。

约　翰:我可以问你吗?

"无助":当然可以,但我没把握一定会。

约　翰:第三十五题,这要三项式吗? 看起来很像。我觉
　　　得可以先找出最大公因子,是这样吗?

"无助":我不会算。你先看辅导书,自己试试看吧,你一定
　　　能解决。

约　翰:就是不会才问你呀! 我要雷夫老师回来,他一定
　　　会好好教我。

"无助":不只是你,我们都希望他快点回来! 但是现在你
　　　要听我的。

约　翰:可以再问一个问题吗?

"无助":又怎么啦?

约　翰:雷夫老师说他年薪三万五千美元。我看过报纸,
　　　你的年薪超过十万美元。你凭什么拿这么多钱?
　　　雷夫老师比你聪明多了!

　　长话短说好了。总之,"无助"气得七窍生烟,当场走出教
室,也不管课没上完。罢工结束后我回来上班,听到这个劲爆
的插曲,当下训了约翰一顿。这孩子太没大没小了,但这次我
不忍心骂他太久。

第十三章
户外教学马虎不得

现在我想跟你们讲个可怕的故事！其实我满脑子吓人的故事，但下面这个是最让我津津乐道的。这则故事囊括今日教育的所有缺失，更激励我设计个人最喜爱的教学活动——户外教学。

几年前，加州奥克兰发生了一件颇具争议的新闻，确切时间是在马丁·路德·金纪念日（Martin Luther King Day），地点是一家电影院。六十九名高中生（看起来都是非裔）参加法定假日的户外教学，他们在电影院发出笑声，结果全被轰了出来。这到底怎么回事？原来，这群高中生在观赏《辛德勒的名单》（Schindler's List），看到纳粹分子在集中营杀害犹太人的那一幕，居然笑了起来。

大众听到这样的新闻，当然群情激愤，这些学生真是太过分了。质问电话不断涌入广播电台，各大报的社论无不大加挞伐，一致谴责这群"朋克族"可耻的行径。

天呀，这群黑人学生真可怕！他们到底吃错了什么药？看到这样大屠杀的场面，竟然能够神色自若地笑出声来，怎么会有人做出这样的反应呢？任何人都想不透这到底怎么回事！再说，当时电影院里还有从集中营逃出的长者，难道这些孩子没有一丝羞愧吗？

不管你同不同意，这件事的确令人惊骇，但真正让人冒冷汗的却是,大众居然没有多花心思探寻整个事件的来龙去脉!
如果大众多关心一些,可能看法会和我一样。

是孩子无礼吗?当然。是他们无知冷血、麻木不仁吗?没
错。他们的行为触犯常人能够接受的底线了吗?正是。以上都
是电视节目和脱口秀的重点,可惜精彩有余,深度不足。其实,
媒体独漏了一项,那就是"学生的老师应该负责"。

我仔细探究整件事的因果,发现教师没有落实户外教学的
相关内容,这算严重失职。当天是法定假日,四位带队老师就
像学生的管家婆,"看完电影,待会去滑冰场溜冰",我猜计划不
外如此。欣赏名片又有得玩,安排得真好。

这群孩子(今日的高中生真像长不大的孩子)从没听过第
二次世界大战,也不知"集中营大屠杀"为何物。电影院内该如
何表现?大人从没在意,孩子也懵然不知。换句话说,学生根本
没有户外公共场合应有的意识。

学生的表现关联着老师的心

我把大规模的户外教学看作家常便饭。带学生外出午餐
或欣赏电影算短的行程,行程长的可能耗时两周,目的地是欧
洲。不管我的学生走到哪,旁观者的反应都会是发出不可置信
的惊叹。我的学生常在博物馆、餐厅或电影院被拦下来,因为
导游和工作人员争相告诉我,他们从没看过如此文质彬彬的学
生;也会有机长和机组人员带头与乘客欢呼,称赞孩子无懈可
击的表现。最夸张的是,路上突然跑出素昧平生的陌生人,劈
头问我,这些孩子是否来自著名私立学校或教会团体。

这些学生是怎么做到的?在今天,年轻人的举止往往让人

憎恶,他们如何走到哪都大受欢迎?他们从哪学到稳重的气质?他们又从哪得到与别校学生迥异的特质?一切与我无关。老实说,从没人说我有气质,社交晚宴从来与我不相干,我在公众场合还会退缩害羞呢。

令人遗憾的是,在教导孩子规矩方面,学校和某些家庭失职得离谱。"孩子就是孩子嘛",这句话让他们任孩子在公共场所喧哗无礼,任孩子在电影院和博物馆打闹嬉戏。我们不该任由孩子胡作非为,应该教导他们在任何场合都能表现得体。如果孩子无礼,请教他们礼节;光是带领孩子体验生活绝对不够。身为教师或家长的我们,如果想要培养孩子成为健全的成人,还要再加把劲才行。

我曾经听过某所学校举办五年级户外教学,目的地是华盛顿特区。为了畅游美国首府,该校整整准备了一年,筹到上万美元的经费。可惜的是,整个行程为期四天而已,头尾两天都花在车程上面,只有两天参观华盛顿。我曾和其中某位女同学聊天,问问户外教学的心得感想,却得到连连抱怨。

"我们只是逛逛罢了。"小女孩满脸失望地说。

"那就很棒呀!"我试着安慰她,"商业街最值得逛了,里头有史密森博物馆和华盛顿纪念碑,还有……"

"等等,雷夫老师!"女孩打断我滔滔不绝的介绍,"我们班跑去逛购物商场啦!老师忙着买纪念品,学生在糖果店闲逛。"事实上,户外教学的品质可以更好,也必须更好。

最近还有另一所小学参观华盛顿,结果上了当地报纸:六十个学生外出,二十二位大人陪同!家长这么热心相随,当然值得喝彩,但是需要二十二位大人才管得住六十个小孩,显然这些学生不应该就这样出门的。

洛杉矶道奇队热心公益，几乎每年都会赠送几场棒球赛门票给"丛林"的孩子。球队献爱心不落人后，但是校方规划户外教学的方式却马虎随便。许多学生根本不懂棒球规则，甚至到了球场还不晓得球队的名字。他们在看台上穿梭乱跑，每五分钟就起身购买饮料，任意大声喧哗。球赛才进行到第五局或第六局，领队的大人就带着不耐烦的学生离场，找个地方庆祝校外活动教学平安顺利。

我讲得这么露骨，实在情非得已，因为马虎的户外教学等于糟蹋宝贵的学习经验。学生专心欣赏精彩的球赛，照样可以尖叫欢呼；他们可以一边享用零食，同时看出棒球各种打法的使用时机。当然，他们也应该有始有终，看完整场球赛。书看到一半，会不会弃书而去？电影看到一半，该中途离开吗？老师领着学生提早离开球场，他们有样学样，以后就容易半途而废。

户外教学小偏方

在此我愿意现身说法，公开本班户外教学小偏方。我最喜欢"带学生上路"，而学生往往是提着行李离开旅馆，让柜台人员依依不舍；或是在享用大餐之后，餐厅老板退还钞票然后再请大家吃点心。更有过特别的经历，别桌客人一声不响走到收银台帮学生出钱！这些外人眼中的奇迹为什么发生？

这不是奇迹，也不是我藏着独门的教学花招。老实说我也犯下数不清的错误，但每次犯错我总是吸取前次的教训，越挫越勇。我刚开始设计户外教学的时候，总把重心放在参观地点上。其实在户外教学的过程，许多宝贵的学习经验可能和参观地点毫无相关,当时的我竟然懵然不知。比方说,我误以为带领孩子走完林肯纪念堂的阶梯,就算完成了参观华盛顿的行程,其实教学重心已经有偏差了。

我后来领悟到一个道理:当孩子接触新环境和观察他人时,你可以由此培养他们端正适宜的举止。有些学生行为不当,原因是环境使然。如果他们有机会欣赏歌剧,目睹周围全是彬彬有礼的观众,潜移默化的效果就达成了。道理不难理解:调皮的小孩不小心摸到火焰,立刻知道了火的温度和危险,而且永远忘不了。许多"丛林"的孩子来自经济条件不好的家庭,我身为老师,了解学生必须比那些天之骄子更努力,才有机会享受美好人生。但学生哪来的动力呢?就是让他们亲眼看到梦想的生活。带领学生走出校外四处旅游,让他们有机会融入社会,以身为国家的一分子为荣,而不是终日垂头丧气,自认是底层人员。老师激励学生有朝一日接受高等教育,这种用心当然值得称赞,但是与其口头激励,不如直接安排学生参观顶级大学,让他们留下美好的憧憬。学生住在高级旅馆,举目所见都是举止得体的绅士淑女,幼小的心灵自然而然仿效。这可不是我的功劳,我只是因势利导,利用外在典范塑造"有为者亦如是"的机缘。

各位家长和教育同仁,请你们尽快带孩子上路吧!户外教学能给孩子非凡的价值。只要事先教导完善,学生不仅能享受快乐时光,他们获得的成长也绝对超出老师的预期。经由这样的途径,学生将会懂得亲身发掘人生重要的课题,随时替未来的发展负责。

不过,我的话还没讲完,请再忍耐一下……

　　我想再与各位分享一点我教学的小技巧,有助于你们调教半大不小的孩子。政治人物说得好:"带着每一个孩子,不要放弃任何一个。"听起来感动又美好,但这是官腔;有些孩子根本还没做好进电影院或歌剧院的准备,本来就要先被放弃。

　　我刚接五年级班导时,总把好莱坞剧场当作年度第一个户外教学的地点。如果你没去过,请想象剧场华丽精致的舞台,一流的古典乐在仲夏夜晚悠扬飘荡。好莱坞剧场是个好去处,人们在此野餐聚会,在星光下度过浪漫时光。演奏会历时两个小时,我们通常都提早一个小时进场,全班在草地上共进晚餐。

　　在我们班上,好莱坞剧场的夜晚活动大多会持续两个月之久。我通常会先宣布户外教学的消息,紧接着告诉学生我的想法。虽然柴可夫斯基的曲子是经典之作,但我不认为古典音乐一定比孩子熟悉的摇滚乐或说唱音乐高级;我认为身为孩子的导师,有责任让他们接触全新且不同于以往的体验。老师不必大费周章搬出当红乐团,说不定学生比你还清楚,老师的责任是传授崭新的经验。我和孩子沟通清楚以上道理,户外教学的前期作业由此展开(孩子的心态就和降落伞一样,一定要在开放的状态才能运作)。首先,我录制当晚剧场将要演出的全部曲目,发给每位同学一片CD。接下来,学生必须晓得每首曲目的作者,要替每位作者写篇研究报告。学生还必须演奏曲目的一小段,用键盘、小提琴或吉他都可以。之后我会举行听力测验,看看学生能否够辨别主旋律和小节。

　　最后才是总验收。我把教室摆设成好莱坞剧场的模样,学生安静进入教室就座完毕。CD播放器播出国歌,学生起立向国旗敬礼。接下来,学生听完整整两个小时的曲目。期间,全体静悄悄的,展现出最高品质的素养。等到 CD 放完,学生们则很有风度地鼓掌。

如果学生有办法通过以上考验,才算有资格上路。如果他们发出不该有的声音,或者坐立难安,心不在焉,我也不会生气。我会心平气和地告诉大家:各位还没准备好,老师还是爱你们,尊重你们。我还会向学生解释,他们也不能开车、约会和投票,还没准备好的工作多着呢。就算户外教学无法成行,也不是因为他们犯下滔天大错,重点是他们需要学习更多技能,才能拥有更多自由和权利。只要有学生通过考验,我立刻邀请他(她)参加好莱坞剧场演奏会。我不给学生第二次机会,不和他们讨价还价,"不行就是不行",孩子很快就晓得,雷夫老师态度和蔼,说话算话。

等到出发前夕,我根本不必转头叮咛学生:"好啦,各位同学! 要进场了,请注意你们的行为。"他们已经知道自己该怎么办。一般来说,小孩子在公共场所保持安静,是怕影响他人会惹来麻烦。而我的学生不敢造次,并不是因为我有说过"后果你自行负责"之类的话,是因为经过两个月的集训,孩子都已经成为半个乐评家,他们聆听都来不及了,哪有心思胡闹! 我相信这么一来,即使我不在场,学生也会有同样的表现。其实,早在演奏会开演之前,我的责任已尽了。

同样的,如果我计划带学生欣赏道奇队比赛,为期十二周的棒球单元就是前期作业。我会让孩子上完棒球课,了解各项运动规则;让他们研读棒球的历史,欣赏导演肯·伯恩斯(Ken Burns)拍摄的棒球纪录片。我还会发下得分表,让学生观看影片时记录两队比分。这样一来,等到学生坐上球场看台时,就不会有人跑来跑去选购零食。我当然会允许学生随意购买零食,但是此刻他们的心思全放在球场,期待全球最顶尖的运动员演出最专业的棒球赛,同时全班会欣赏到比赛终了。我认为,有了户外教学的前期作业和活动过程,学生不只是接触古典音乐或球赛规则,他们更获得许多宝贵的经验。

学生已"出师"

我曾收到一封来信,写信人和我们素昧平生,只是我们在加州坎布亚一间餐厅吃饭的时候,这位先生默默观察了全程。我每年都收到几百封信,而下面这封最能诠释户外教学的好处。

敬爱的老师:

和十五位五年级学生一起吃饭,真是愉快难忘的经验!

我们来自加州帕格维迪市,当时在坎布亚的伯瑞乐餐厅举办二十四人的派对。大人姗姗来迟,倒是十五位小朋友跟着两位大人走进这间豪华餐厅,就坐在我们旁边的长桌。我心里一凉。根据经验法则,这个年龄的孩子就是坐不住,这群孩子肯定也像脱缰野马,而我们的晚宴绝对会泡汤。

结果呢,我只能说"百闻不如一见"!

这十五名学生,还有他们的老师和师母,举止谈吐高雅脱俗。这些学生当时(以后一定也是)真是风度良好呀!他们的穿着整洁干净,得体大方,不过这都只是我观察到的表象。我睁大眼睛,细看学生的行为举止:他们成熟稳健,和在场身穿礼服的成人相较，一点也不逊色；我竖起耳朵，倾听学生的谈话内容；他们之间的对话似乎风趣幽默，我说"似乎"是因为他们刻意降低音量，传到邻桌已经听不清楚了。

　　几年过后，我带四十一个学生参观美国东部，其中一站是纽约市。芭芭拉无法随行，只有我一个大人。全班畅游帝国大厦，还到大厦顶楼欣赏纽约全景。当天秋高气爽，和煦的阳光从湛蓝的天空洒下。

　　我们走进大厦，才知道里头有座立体戏院，观光客可以欣赏快速移动的画面，一览纽约各区风光。孩子听到后兴奋异常，我也相当心动。

　　排队的地点在大厅的一头，但是门票柜台在另一头。学生必须留下来排队，而我则赶紧帮大家买票。我交代他们等老师几分钟，然后穿过大厅跑到柜台。当时我还不时回头，心里不免有些挂念。可是等我带着门票走回来时，所看到的这一幕以及它事后的演变，绝对会让所有的老师感到欣慰。尤其是十岁的凯萨琳，后来善解人意地对我说的话，更让我这个老师对她刮目相看。

　　事情是这样的，在我去买门票的时候，有个大约二十来岁的年轻人朝学生走来。他的工作就是放置封锁线、撕票，以及安排观光客进场。这个年轻人看到一群小鬼没有大人陪伴，居然还能中规中矩，就有些诧异，于是和我的学生有了这番对话：

　　纽约先生：嘿，玩得愉快吗？

　　学　　生：嗯（保持静默）。

纽约先生:你们真的够安静!

珍　　妮:老师告诉我们这是公众场所,我们不愿意打扰
　　　　别人。

纽约先生:你们这些人平常喜欢玩什么?

珍　　妮:我拉小提琴。

纽约先生:不是,我是说喜欢做什么有趣的事!

珍　　妮:小提琴很有趣呀! 我喜欢拉小提琴。我长大以
　　　　后,想当个专业的音乐家。

纽约先生:我给你们一点建议,趁年轻好好享受人生吧。
　　　　附近就有商店街可以逛逛,别听老师和爸妈的
　　　　唠叨啦! 年轻只有一次,把握机会疯狂疯狂,没
　　　　什么好担心的!

就在这个时候,我买完票回到学生身边,但我不发一语,只是把门票传给每个学生。接着,我们就进去观赏精彩绝伦的画面,好像飞越纽约到处观光。孩子们个个兴奋得大叫大笑。我们在参观顶楼时又有了额外的体验,大家都觉得值回票价。从戏院出来后,大伙在电梯旁排队等候,我想到可以趁这时跟孩子做些沟通,因为我其实听到了年轻人和孩子们的对话,心里有些在意。

"孩子们,"终于,我忍不住问,"我可以和你们聊聊吗? 老师对刚刚的事有些不舒服。我希望各位同学能够了解,为什么我会为你们订了这么多规则。我其实也想让大家过得开心,不想扫大家的兴,真的不想。因为……"

"雷夫老师,"凯萨琳打断我的话,"刚刚那人只是负责撕票

而已,你以为我们会听他的建议吗?"

　　这时,全班哄堂大笑,我心中的疑惑也消失了。我很骄傲地对凯萨琳说:"孩子,你可以毕业了,你已经学成出师了!"

第十四章
真英雄与假英雄

在与各位分享了这么多教书经验后,我很愿意这么告诉你:教书,其实也可以是一件简单的事。对第一次踏上讲台的新手来说,你不必害怕,行政人员会告诉你入行的秘诀。而且你会有一份简单明了的教学指南,只需按部就班就好。甚至,热心的资深教师还会教你填写各种表格,教你如何让小朋友排队站好。

此外,万一你的班级经营一团糟,还是可以每月照领薪水,每天下午三点准时下班,一年享受三个月假期。这样看来,还有什么比教书这份工作更好?

但是请注意,如果你在意教学成果,那么,教书这份工作将会摇身一变,变成世间最苦的差事。只要你关心教育,就请你睁大眼睛留意四周:学校处处有坏蛋。学校当然也有英雄,但英雄都会隐藏身份,你不一定能独具慧眼看到他们。而不上进的老师和能力差的行政人员,他们当然对不起教育这份神圣的工作,他们会让优异的你提不起劲,但你至少还可以专心照顾学生,毕竟他们还不算太坏。真正的坏蛋难缠多了,就算你只想独善其身,这堆教育界的坏人也会出面挑衅干涉。

各位家长,你们当然不希望自己的孩子落入坏蛋的班级,所以请睁大眼睛,可能的话,多花点时间了解学校,甚至坐在教室后面旁听都好。有些教师衣着高贵,谈吐轻柔,竟是披了羊皮的狼。你要多注意校园内的风吹草动,尽可能让你的孩子远离坏蛋的势力范围,让他们多亲近英雄。

"狄更斯"年

一九九二年可说是我的"狄更斯"年,原因不是学生们阅读他的大作,而是这年简直是我教学生涯中堪称大起大落的一年,几乎就是狄更斯小说《双城记》的翻版。套句书中的话:"当年是最好的年代,同时也是最糟的年代。"

一九九一年年底,以前教过的一位女学生看到"美国教师奖"的申请表格——每年迪士尼公司都会赞助这个活动。学生央求我试试,老实说我没兴趣,就把表格退回。没想到,我的举动让学生很伤心。妻子劝我从孩子的角度设身处地思考:学生满心欢喜,老师却狠狠泼了桶冷水,再怎么说人家也是好意呀!我后来想通了,立刻向她道歉并索回表格,然后草草填完问卷,因为隔天就是截止日。我自认责任已尽,立刻就把这个奖抛到九霄云外,心思回到教学工作上来。

第二年一如以往,我在春天时带着学生到迪士尼乐园玩。我们的户外教学绝不会是当天来回的行程,这次足足玩了两天。回家后,我接到几天前寄来的通知信——我已经入围美国教师奖的候选名单,这次共有六十位教师入选。

长话短说好了:六月的时候,相关单位特地到校,花了几天工夫拍摄我上课的情形。后来又收到来信,通知我说进入了最后决选名单。这次有三十六位教师入选,小学教师组只有我和另外两位老师。运气来了谁都挡不住,这届颁奖地点竟选在美丽的洛杉矶,电视台也会到场录像转播。会场居然离我家不到三里,还有这么巧合的事!

不过更幸运的是,我知道自己不会得奖。整个颁奖典礼为期四天,从周四持续到周日。虽然全国的教师从各地赶来赴会,但是我对这样的场合没有多少兴趣。周四到周六都要上课,我只能参加迪士尼请客的晚宴。社会向来不重视教育,但是这次所有入选教师都像贵族一样受到隆重招待,这种变化真让人高兴。

这次入围的三十六名老师各有特色,我能够和其他三十五名老师相遇,也绝对是一次难得的际遇。有的一看就知道是教育界的翘楚,让你以当老师为荣;有的克服人生的磨难和考验,终于得到全国性的殊荣。坦白说,我们好比台上排排站的美女,接受台下的睽睽众目。但不知为何,我居然一路过关斩将,最后获得当年的"美国教师奖"。

辛勤的付出得到肯定,终究让我感到激动兴奋。在获奖消息公布后,接着是一连串的访谈和拍照,聚光灯下的我还自比是披头士再世呢。有天我和学生共进晚餐,谈到如何利用时机做些有益教学的活动时,我们师生一致认为,赞助者会慕名捐款,户外教学的经费就有着落了。我满脑子幻想,以为慷慨的英雄隔天就会出现,助我解决经济问题。于是我开始想象周末和周日晚上可以享受天伦之乐,不必再兼职打工,还有每晚睡足六到七小时是怎样的滋味。

然而,想象终究只是想象,事情没这么简单。

支持教育的英雄

其实早在很久之前,我就模拟过教育英雄的风范,后来居然有幸与之结缘。我在获得"美国教师奖"的五年前,曾经带学生观赏伊恩·麦克莱恩的独角戏《扮演莎士比亚》。在我心目中,伊恩是全球最杰出的演员。学生欣赏戏剧之前,曾经研究莎翁笔下的角色,共同写出一本报告。他们在开演前到后台探视伊恩,把全班的心血送给他。学生表现不凡,报告内容以五步抑扬格(iambic pentameter)的诗呈现,还配上精美的插图。我们希望伊恩大受感动之余,演出后能和大家多聊几句。

当时我不知道伊恩的为人,后来才认定,原来他就是我们的大英雄。就在演出的时候,伊恩竟然拿出学生的报告,当着观众高声朗诵!台下一阵骚动。伊恩请全班同学上台接受欢呼,我当时欣喜的心情真是用笔墨都无法形容。这只是开端而已,落幕之后,伊恩邀请全班到后台参观,和大家聊了将近两个小时。

两周后,伊恩邀请全班到圣地亚哥看他演戏。他利用演出前的空当,请学生参观旧金球戏院不同的舞台,以及他个人专用的化妆室。伊恩的用意,是让每个学生都有宾至如归的感觉。此后,我们每年都收到伊恩的来信。伊恩主演的《理查三世》荣获大奖,这出莎翁名剧到洛杉矶公演的时候,他居然请英国国家剧团全体演员到班上和同学见面。几年后这出戏拍成电影,伊恩租了顶级豪华客车,邀请毕业生和在校学生总共一百多人,浩浩荡荡开往米高梅电影公司,由公司安排参观。此时的伊恩刚接受英国女王册封为爵士,而这回,他又花了几个小时和同学闲话家常。有次伊恩恰好有拍戏的空当,他趁机表演独角戏《骑士出征》,还把所有收入捐给当地慈善机构。只要伊恩在洛杉矶,都会抽空到我们班上看看。他在新西兰拍摄

《魔戒》,最近才飞回美国,刚好又碰到学生演出《李尔王》,也特地赶来捧场。

对教育界来说,伊恩真是个英雄。他深知教师的需求,以实际行动鼎力支持公立教育,而不是仅停留在口头上而已。我刚获得"美国教师奖"时,自以为全班已经名闻全国,理当得到许多大人物的支持和赞助,最后才发现错得离谱,只有伊恩一人相助。而且他热情款待学生的时候,我不过是资历才三年的初级教师;换句话说,我得过哪个奖项,伊恩并不在意。

我出席颁奖典礼,在后台遇到许多赞助人士,其中某位是知名航空公司的主管。此人对我赞美有加,还搭着我的肩一起接受媒体摄影,我还记得当时近在咫尺的记者,以及闪不停的镁光灯。而这位主管和我闲聊,说他听过我带着全班到处旅游,并且夸口保证航空公司会照顾学生,让大家不再替机票钱发愁。这真是天大的好消息,因为每年我都带学生远赴华盛顿参观,再也不必担心自己变成穷光蛋。他还给了我私人电话,交代我一定要再联络。

我也笨到真的和他联络。我联络了两个星期,每次都碰到他"因公出差",后来好不容易找到这位大忙人,终于敲定参观华盛顿的日期,全班也要利用机会进行社会课的户外教学了。我们选择旅游淡季出发,并且遵从航空公司的建议,特地挑选旅客最少的日期。我们当然完全配合,毕竟这位大人物帮了大忙。

到底多大的忙?我们确定了所有行程之后,他通知我每张机票可以减价——五美元,定价三百八十五元降为三百八十元。这人真是天才!

这一年，我们最后取消了华盛顿之旅。

有些人翘首盼望，期待正义使者出现，我们班也不例外，而我们最后等到的是舞台剧和电影导演哈尔·霍尔布鲁克（Hal Holbrook）。哈尔五度拿下格莱美奖，他看过本班表演，决定心动不如立刻行动。他的童年并不顺遂，让他至今无法忘怀，因此他决定伸出援手。

哈尔也是我遇过最忙碌的人之一，他不但拍戏，还亲自担任主演；他的音质优美，也帮伯恩斯拍摄的纪录片配音。每年四月学生公演莎翁名剧的时候，班上总会收到一张哈尔捎来的支票，他要确定每个孩子都有足够的书籍和用品。如果哈尔有空捧场，总是第一个到场，最后一个离场。在他心目中，学生永远占有一席之地。

当然了，哈尔最出名的角色就是在独角戏中主演马克·吐温。我的五年级学生只有十岁，当他听到全班都读完《汤姆·索亚历险记》以及《哈克贝利·费恩历险记》时，既高兴又感动。每次他到附近演出，一定邀请班上的学生欣赏。演出结束，哈尔会待在后台和每个学生说话——就算现场到了五十个学生，这位大忙人都会耐心地和每个孩子交谈。我的学生公演时，哈尔就在台下加油打气。有次哈尔在华盛顿国家新闻俱乐部致词，还特地中断演说邀请全班上台表演，而在演说结束后，他甚至到星球餐厅买汉堡请学生吃。

有的学生在人生旅途中有了成就，或许是因为有哈尔陪着一路走来。学生往后做出明智的抉择、设定高远的目标，或是碰到困难不会放弃，也都是因为哈尔的体贴和细心。他的用心付出，学生永难忘怀。哈尔是真正关心教育的名人，他从不利用媒体吹嘘善行。谢谢你了,哈尔。

～～～●～～～不靠谱的媒体～～～●～～～

我以前一直认为,大众总把媒体视为过街老鼠,逮到机会就人人喊打。经过数不清的电视录像和广播访谈,我才体会老百姓抓狂的原因。只要是在意真相的人,目睹媒体的做作虚假,都会怒火中烧。某全国性的新闻台邀我上节目,制作单位要我和知名政治人物辩论教育问题。我心里暗自窃喜:扬眉吐气的时刻终于到了! 制作单位周一来电,希望我周五搭机飞往华盛顿,这样节目才能赶在周日播出。我通常会婉拒这种时段的邀请,因为我不想牺牲周六的课外辅导,但是这次录影恰好碰到为期三天的连假,课辅也正好暂停,看来答应无妨。反倒是我的家庭本想利用难得的机会度假,看来也只得取消原来的计划。

到了周二,制作人来电通知辩论主题。原来他想探讨不和谐的家庭如何影响孩子的生活。以下就是我和制作人"会前会"的谈话内容:

制作人:雷夫,现在许多家长很差劲,根本没有尽到管教孩
　　　　子的责任。你怎么面对他们? 许多教师面临的首
　　　　要问题,不就是这些失职的家长吗? 你觉得呢?

雷　夫:我不敢苟同。至少我接触的家长当中,绝大部分
　　　　都尽心尽力。

制作人:坦白说,你教书的学区这么贫穷,一定碰到许多家
　　　　长方面的问题。

雷　夫：这话不对，我已经说过，家长的问题真的不大。请
　　　　问这样是不是违背节目的期望？

隔天制作人又来电，通知我计划改变：我不用远赴华盛顿
了，只需待在洛杉矶。他们要我和另一位嘉宾辩论。这位嘉宾
在不同的摄影棚，因此我们通过视频方式互动。这样也好。

可是到了周五我又接到电话，通知节目临时取消，因为电
视台要剖析某个国家的危机。我心里很不是滋味，特地等到节
目的时段打开电视。果然，我猜得没错，这节目还是如期播出，
只是主持人介绍的来宾，变成来自其他城市的教师。这时，主持
人开口了："请问，老师面临最严重的问题，是不是失职的家长？"

"没错，"教师一脸正经地说，"正是如此。"

霎时，我突然觉得好像是我错了。我为家长服务多年，他
们一直关心、支持教育，怎么能说其失职？不管怎样，这个正经
八百的新闻节目就是这样报道的。

教育界的冒牌英雄

教育界有许多种坏人，最有趣的就是冒牌英雄。某次当地
企业团体打电话到学校，邀请全班和我参加午宴，原来他们早
就听说同学的音乐素养和课业表现不凡。学生和我搭车到一
家五星级饭店，接待人员带领我们进入宴会厅。这时候菜早已
上桌，在场共有三百名男士（奇怪，看不到一位小姐），而桌上菜
肴色香俱全，就是不晓得味道如何。一会儿后，主人看到我们，
穿越了一桌又一桌的佳肴饮料走了过来，他请大家在角落稍待
片刻，说他一分钟以内会再回来。

这期间,学生像罚站似的站了快一个小时,一杯水也没喝到,只能眼巴巴看着那些大人狼吞虎咽。有位学生擅长表演《雾都孤儿》的主角,他这时苦中作乐唱出里面的经典名句:"先生,再赏一点吃的吧!"并且装腔作势要抢着上舞台。

最后,终于有位男士起身举杯致词。他说企业团体以支持教育为荣,特别乐意帮助这样杰出的班级。接着,学生表演了莎士比亚小品以及古典音乐,前后总计约二十分钟,让这群商人看得大乐。

许久,宴会主人终于姗姗来迟,大大称赞孩子一番。他说孩子的表现比预期更棒,还说我们就是企业最愿意"牵手"的对象,我听了心花怒放,学生们也兴奋雀跃,我甚至等着大老板掏出信封,而里头会装着可观的支票。我同时在心里一再盘算,想想要给班级买哪些用品。

结果,这次我又错了。大老板没把手伸进口袋,而是拿出一个牛皮纸袋,然后从里面拿出圆珠笔,发给学生每人一支。

"我的天,谢谢!"学生说,"我不晓得该说什么才好。"

而我则一直维持着礼貌,带着孩子跟这位企业大亨说再见。

我知道,不少团体和企业都有意愿赞助学校,但是如果再有热心人士要推荐赞助商,我会劝他省省唇舌。老实说,许多企业家根本毫无教育概念,又要如何多谈资助教育。以下又是一则实例,赞助者是洛杉矶的一家银行。

这家银行的公关小姐与人为善,和我们洛杉矶学区的官员很熟。她的职责就是帮有心的公司和企业牵线,推荐需要赞助的公立学校。她看过我学生演出的莎翁舞台剧,而且看过许多场。我和她吃过中饭,她跟我提出很棒的建议——当着商界人士的面呈现教学成果,借此广辟赞助来源。她还建议我在演出前致词,发下班级简介以及经费需求等书面资料。这样一来,赞助者才有打算和预算。

到了演出那天,银行主管们听到本班需要新书、乐器、实验器材和运动用品,无不善心大发,深怕爱心落人后。他们欣赏了学生表演,更是惊讶得目瞪口呆,并且说自己从没见过小学生有这种水准的演出。有些主管甚至很难相信,这些悠扬的乐音、精湛的演技,竟是完全出自十岁的小学生。

后来在曲终人散时,这些银行主管还对我说,这是他们人生中最美好的体验,并且保证很快就会捎来好消息。结果,确实有人说到做到,不出一个礼拜,我们班上就收到一个大包裹。我们查看包裹资料,原来是演奏会上某位善心人士寄来的,大家迫不及待打开包裹——

想不到,里面竟是两人用的午餐篮!

篮里没有只字片语,只有塑胶盘和刀具。我打电话给公关小姐,告诉她不懂这件礼物的用意。小姐说,当天客人留下了深刻的印象,他们想表达谢意,感谢"雷夫老师努力的付出"。

月底的时候,本班依往例举办大拍卖,午餐篮由某位学生中标,大家都笑翻了。我问他是否真要出游野餐,他说:"不是,我自有妙计!"

几个星期后我到他家做客,发现这个宝贝居然被当成洗衣篮。我猜这位慷慨的善心人应该觉得欣慰,因为爱心得到充分利用。

讲完慈善家的捐助,也该聊聊校园内光怪陆离的怪现象。

我一开头就提到教育界的英雄和坏蛋,其实,校园中这两种人物都有。

我在详述之前,必须把话讲在前面:老师的职责是把学生教育成头脑灵光、心地善良的全人,但是校园内却存在着头脑僵化、存心不良的大人。我出书的目的不是为了报复,本书不是复仇之作。像我这样幸运的老师,根本没必要以牙还牙。我见过和我同样有理想的教师,只是命运之神不眷顾,他们最后被校园坏分子搞得一蹶不振,变成槁木死灰。有鉴于此,我愿意再度分享一些个人际遇,希望年轻教师能够迎战风风雨雨。如果你在意自己的专业,如果你敢逆向操作,如果你有勇气追求卓越,负面的力量会排山倒海迎面扑来。然而这负面的力量不可小觑,就像苏格拉底提出质疑那般的坚决。以下是我的亲身经历,请读者自行体会吧……

婚礼"终结者"

本校全年无休,开课时间和传统学校不同。比方说,大部分学校的新学年从九月开始,来年六月结束,而"丛林"则是所有班级一律排课八周然后休假四周。这种排课方式很糟,但是保证学校设备能充分利用到。在任何时间,校园内总有百分之六十七的学生到校上课。往好处想,这样能让较多的孩子接受服务(如果你把"丛林"的教育称为服务)。

有年二月,正好轮到我的学生休假,他们还是一如往常到校。不过原来的教室被其他班级的学生占用,我们只好采取游击策略,哪里可以念书就到哪。万一连长板凳都没有,大家只好坐在柏油路上演算数学或阅读经典文学。

　　然而这天非比寻常,因为洛杉矶数学竞赛即将展开,而我的学生要身披战袍代表学校出赛。一早来的时候,我们发现图书馆里空无一人,于是师生一群人走了进去,找到桌子便坐下,开始练习解题技巧。突然,有位像管家婆的女老师匆匆走进来。

管家婆老师:哎,我没想到你们会来! 请问你们预约过吗?

雷　　夫:我们没有预约。抱歉,学生正在放假,我不知道贵班要用图书馆。给我一分钟,我立刻把学生带走。

管家婆老师:我们班不借用图书馆。

雷　　夫:抱歉,那你还有话要说吗?

管家婆老师:我说完了,但你们还是得走。

雷　　夫:我不懂! 为什么要走?

管家婆老师:因为我们要布置会场。

雷　　夫:布置会场?

管家婆老师:有个同事要结婚了,我们要借用场地为她举办送别会。

雷　　夫:我没听错吧?

管家婆老师:我们要替她送行! 她是学校的助教,我们要把图书馆弄得漂漂亮亮。

雷　　夫:这些是代表学校参赛的选手! 你要赶他们出去,给新娘子饯行?

管家婆老师:你知道吗,雷夫老师,你什么都不懂! 你不晓得学校的士气多重要。

雷　　　夫:比学生学数学更重要?

管家婆老师:我和你这种人吵干吗? 你真要学学怎么和人
相处。拜托你行行好离开好吗? 把学生带走
好吗?

最后,我们当然离开了,然后在雨中找到长凳坐着,演算数学。当天我让孩子提早下课,并且把他们送回家。我一路想着,我真的是要学着和别人相处。

结果那次的数学竞赛,我的学生进入了决赛,并且以一分之差拿下了第二名。我同时也听说了,那个即将当新娘的女助教的送别会很有看头。

老师的价值观

马丁·路德·金纪念日这一天,全国各地都会举办盛大的活动,我们学校也不例外。当天,一个班级接着一个地表演歌曲或短剧,大家使出浑身解数,全为了纪念这位美国的伟人。打破种族藩篱是金博士未竟的美梦,而现在,这美梦就等着这群孩子来实现。

看着学生们用心的演出,我在一旁有点感伤,金博士的美梦何其遥远啊。许多老师为了让活动有看头,确实付出不少心血,但是我所目睹到教育界的伪善,却不禁要摇头叹息。我想到就在这一年的年初,校内两位老师来找我,原来是他们的宝贝女儿要升高中,特地问我哪里有"纯白"的学校可以就读,因为"黑人最会惹麻烦"。但此时此刻,这两位老师居然也混在其中纪念金博士!

我们是该努力实现这个美梦!

人格教育是学校教育最重要的一环,这点大部分的家长和行政主管都会同意。遗憾的是,如果位居高位者心术不正,那如何要求学生陶冶品格呢?

有一天,教室里发生了一件值得引以为鉴的事。事情就起因于我要学生在世界地图上标出美国的位置,当作地理科随堂测验。这天当地中学放假,好让老师参加研讨会,而我们学校正常上课,有几位毕业校友便趁机回来看我。不料,做测验的时候,麦可居然作弊,而且他的技术实在太差了,讲来就让人忍俊不禁:他抄袭邻座的答案,而且一字不漏照单全抄,这个连毕业校友都发现了——如果你看不出这么明显的作弊证据,肯定是眼睛有问题。老实说,麦可头脑相当灵光,只是懒了点,几乎很少花时间准备考试。看来,他这次一定要付出点代价才行。

考试结束后,我立刻召开班会,我开门见山宣布有人作弊,希望犯错的同学勇于承认,以防下次再犯。这时,麦可立刻举手招认。"很好!"我先称赞他的诚实,然后告诉他(发自内心的),他勇于承认错误的行为,老师也很认同;我还勉励他:知错能改,是改善自我行为的第一步。我请他写信给父母,详述课堂上发生的种种,并且允许他明天补考。想必他的父母应该会了解整个事情的前因后果。当时,麦可还忙着谢谢老师的宽容,因为他没料到还有亡羊补牢的机会。但是隔天,我却被请入办公室,行政人员通知我,麦可已经转到其他班级。原来早晨上课前,麦可的家长已经和行政人员碰面,我还被蒙在鼓里搞不清状况呢。他父母坚称宝贝儿子绝对不会作弊,而在一旁的麦可竟然也忙着附和。对此结果,行政人员也不停地劝我不要在意。

许多教师碰到这种场面,往往是只好双手一摊,不再认真灌输正确的价值观。但是我们环顾现代社会,能够教导学生是非善恶的成人不多,老师可能是最后一道防线。可悲的是,难得老师有心纠正学生,行政人员却无法支持。

经营一个学校难度很高,我也不是不懂校方的难处,但有些行政人员总是搞不清楚状况,老是会去安抚怒气冲天的家长。行政人员当然最爱"皆大欢喜"的结局,但这种心态的结果,就是不计付出任何代价。他们的如意算盘就是:家长来吵,就把麦可转班吧!只要安抚好家长,再通知班主任,事情不就摆平了?

而像麦可这样的学生,即使换了新环境,作弊的恶习照样不改,事后也不需承担任何后果。老师见多了这类状况,愤愤不平最后也会变成心灰意冷。我们当然可以暂时平息家长的怒气,但是这样的处置对麦可没有任何好处。如果大家都要当滥好人,都没得罪家长的勇气,将无法造就人格健全的学生。

看我一连串描述了这些惊人的事实,你可能认为这只是本校的单一事件,其他学校的运气不会这么背。如果你真的这么想,我要请你再三思。大卫·雷文(David Levin)算是全美最优秀的教育专家之一,他早期在休斯敦教书时也发生了一些事。他这个人会质疑学校决策,会挑战一些好要伎俩的教师,就算日子难过,他也还是坚持初衷不改。

雷文不是理论派,他是彻彻底底的行动派,教学远比其他同事努力认真。他本身毕业于耶鲁大学,光凭学术专业就令一般教师哑口无言。在学生看来,雷文老师不但让人敬爱,更教人心服口服。学生在他的调教下,全班成绩变成全校第一、全学区第一,最后成为全得州第一。

照理说,主管当局应该颁赠奖章给雷文。结果呢?其他老师却以另类的方式表扬这位杰出同事——他们刺破了雷文的轮胎!

薪水的故事

即使事业达到高峰,也有令人难堪的时刻。几年前我接到一通电话,原来是个天大的好消息:英国伦敦举办莎士比亚研讨会,我受邀到场发表演说。学生也在邀请之列,他们要在刚盖好的剧院表演莎翁舞台剧。不用说,学生听到这个消息都为之疯狂。

大家冷静下来后,师生开始讨论行程细节。吃完午餐后,这些五年级的学生告诉我,他们愿意把出国机会让给毕业的师兄师姐。学生认为,今天能够"名扬国际",那群周六还来给课外辅导的毕业生功不可没。他们自认终究有机会到欧洲一游,这次应该毕业生先去。我为这群学生感到骄傲,而事情的最后决定也如他们所愿,由毕业生担纲演出。

此时正逢期末,有位稀客光临本班,她是学区管账的行政人员。她平常行踪飘忽,没事绝对不会出现,此次前来必然事出有因。我直觉推测,她不是特地来说声恭喜,而是顺路过来看一看。

管账小姐:听说贵班受邀到伦敦剧院表演莎士比亚?我没听错吧?

雷　　夫：很棒吧？这对孩子意义非凡。

管账小姐：老师您也要同行吗？

雷　　夫：我们预计在八月中旬出发。

管账小姐：请尽快通知我出发日期，这样才能扣薪水。

雷　　夫：扣我薪水？

管账小姐：是呀，你又不是因病请假，这几天当然不付工资。

雷　　夫：我想把话说清楚。我在这间学校待了好几年，
　　　　　我每天比上班时间早九十分钟到校，比下班时
　　　　　间晚两个小时离校，没领过任何加班费；我牺牲
　　　　　每个假期陪孩子读书，没领过任何加班费；我每
　　　　　个周六辅导学生，没领过任何加班费。我这样
　　　　　付出十六年，现在志愿带领学生到伦敦公演，你
　　　　　要扣我薪水？

管账小姐：我们不扣你薪水，万一遇到上级审查怎么办？
　　　　　到时大家都不好看！

雷　　夫：我懂你的意思。因为学区把高中盖在垃圾堆上
　　　　　头，因此损失两百万美金，《洛杉矶时报》已经报
　　　　　道这件事。我们必须共同应对。

管账小姐：说得对极了。

相对于这件事，不久后学校例行会议上校长讲的这件事更
让我觉得气愤。校长提到在几天前，他设计了吃西瓜竞赛，打
算利用午餐时间进行，某位行政人员用卡车载运西瓜，结果车
子因货物过重而倾覆，西瓜滚落满地。

这时，六个行政人员立刻离校赶赴现场，把西瓜一个一个

捡回来，再分别用轿车载回。你注意到了吗？六个人！这六人离开学校的总时间，至少也有二十四小时，而且他们每人的薪水都是我的二三倍。校长讲到这里，行政人员无不笑翻天。他们每个人都笑得忘我，忘记了旁边还有许多优秀老师根本笑不出来。优秀老师看到行政人员在意西瓜，却不在意阅读教育；他们看到自己的薪水无端被扣，而搞笑的行政人员居然还照领薪水，心里能做何感想呢？

至于我和学生的这趟伦敦之行，的确令人难忘，我们还协助当地教师把莎翁戏剧引进课堂。而这次，我的薪水也真的被扣了。但是就在我带队出国的同一周，学校也有另一位教师请假参加好友婚礼，这位教师人缘极佳，和行政人员打成一片。因此，她请的这个事假，薪水完完全全照领。

碰到这等遭遇，千万不能灰心沮丧，因为社会就是这样。我们只能不停地在学校寻找英雄，从英雄身上汲取教学的热情和启发。以"丛林"为例，我认识一位服务长达三十五年的资深教师，他总是默默地推行阅读教育；学校还有一位女牧师朗达，她的教室散发出浓郁的人文气息，学生在此接受优质的熏陶，以后必将拥有健全的人格；而另一个叫罗伯特的老师，是个性格保守的男老师，他设立严谨的班规和高标准的期待，我相信学生往后二十年都因此而受用不尽。

如果你还是找不到教育界的英雄，那就想想麦特吧。近二十年前，麦特是我在"天堂"任教时的学生，是个资质聪颖、才艺出众的毛头小子。我到"丛林"任教以后，以为从此和这位学生断了音讯。但我真的需要这么悲观吗？因为后来我知道麦特进了耶鲁大学，是法律系的高材生，我知道他绝对是个超级大忙人。

可是没想到,在麦特就读法学院,需要撰写为期三年的研究计划时,他灵机一动,居然把计划和我的班级连到一块,让我可以光明正大地募集班费。麦特更利用资源支持教育,他请学生去聆听最高法院的审判。麦特每周工作八十个小时,百忙之中还邀请善心人士到班上参观,让弱势学生得到更好的照顾。除此之外,他还特地招待我欣赏湖人队打球,因为他怕老师工作太劳累。

我多么希望处处遇得到这样的人物,也希望人间处处有英雄,而我们,必须是可以造就英雄的老师。

尾 声
我依然在路上

日子尽管难过，但还是一天天地过。而为人师表的每个日子，几乎都会遇上麻烦。这一回的麻烦不算平凡，只是特别难缠。或许，我是真的累了。

昨晚接到一通电话，顿时让我的心情跌落谷底，是我教的毕业生碰到了棘手的问题。这个小女孩面貌姣好，音乐天赋极高，后来好不容易申请到音乐学校的奖学金，但是不和谐的家庭让她变得越来越叛逆，甚至离家出走。

想想她才十四岁，这花样般的年华，竟然有这样的际遇，我不由彻夜辗转难眠。一天还没开始，我已经筋疲力尽了。

由于我的汽车报废了，所以要步行到校。但这一天，屋漏偏逢连夜雨，没带伞的我竟碰到滂沱大雨，我在雨中走了两里路，走进教室时全身湿透，直打哆嗦。

后来，情况不仅没有更好，反而更糟，我竟发现信箱里有张单子，是上星期学校开会的时候，请每位教师列出十到十五项"额外"开销，然后决定开销的优先顺序。结果出炉了：复印机是学校第二重要的开销，管弦乐团和合唱团排在最后，校园护理费开销则位居第一。在我们学校，复印文件的重要性居然高过管弦乐团、合唱团、驻校心理医师，还有教科书！

午餐时，一位多元文化委员会的代表找我，原来是我们选定在多元文化节表演的曲目被上级取消了。我们班摇滚乐团

215

苦练兰迪·纽曼的名曲《I Love L. A.》,本想在全校面前大显身手,但代表通知我,各个班级不准表演个别节目,当天全校五年级学生要集体跳瑞典波尔卡舞。讽刺的是,这名代表戴着一个精致的别针,上头竟然就印着"尊重多元文化"!

这时期,正是学生们忙得不可开交的时候。尽管还只是年初,学生已在排练莎士比亚的《冬天的故事》(The Winter's Tale),这出戏的难度很高。另外三名资质优异的学生则努力练习维瓦尔第的《四季》(Four Seasons),但是进度很缓慢,孩子们虽然是慢慢熟练了,但进展速度还是不如我的预期。

学生这段时间每天在学校待整整十一个小时,回家时当然归心似箭,许多人忘了清理自己的责任区域。而我可能要再待九十分钟才能把教室弄干净,然后步行五里回家。

碰到这等状况,我有时会怀疑努力付出是否值得。

这一天,还好有两位学生留下来帮我,其中一位叫丹尼。丹尼的头脑一级棒,是班上的大帅哥,成绩好,音乐天分也高,更是话剧的主角。这么优秀的孩子当然也有缺点:由于丹尼能力太强,有时桀骜不驯,情绪起伏太大。丹尼看到同学的表现,偶尔会失去耐心甚至过度苛责。这孩子虽然天赋不凡,但是难以相处。他的本性不坏,就是经常伤害旁人而不自觉。

另一位叫凯伦,她不像丹尼那么杰出,但是和这个女孩相处久了,就会发现她的特质:她安静随和,柔柔的笑意隐藏了内心的刚强,这点只有熟悉她的人才会晓得。凯伦的艺术天分颇高,配上良好的工作态度,各方面表现都很稳健。

这两位都是当年戏剧公演的明星。

班上女生常常会目不转睛地看着丹尼,她们迷恋帅哥的长

216

相和才华,女孩们也都暗恋着丹尼,唯独一人例外,而这个人就是凯伦。偏偏,万人迷的丹尼对凯伦情有独钟,但是凯伦却始终不领情。

丹尼表现得相当明显,他会最早到校,只为了坐在凯伦的椅子上。他写情书,买礼物,为了得到芳心无所不用其极。这天傍晚我忙着唉声叹气,怀疑付出是否值得,而他们俩倒是陪着我直到六点过后。我在教室前面一边打扫,一边准备隔天需要的教案和自然课器材,凯伦则跑去清洗水槽。这时,丹尼刻意接近她,没注意到他们的对谈全让我这个老师听见了。

丹尼:凯伦,可以和你聊聊吗?

凯伦:什么事,丹尼?

丹尼:我不了解你在想什么。我很喜欢你。

凯伦:嗯,我也喜欢你呀。

丹尼:不是那种喜欢。

凯伦:没错。

丹尼:可是班上女孩都喜欢我。

凯伦:我知道。

丹尼:我不了解你在想什么,凯伦。所有女生爱我爱得要命,你为什么不爱我呢?我对你很好啊。

凯伦:丹尼,因为要对每个人都好的好人,才有资格当我的男朋友。

最后,丹尼低着头离开教室,看得出来他很难过。这时候,我缓缓走向凯伦,她也和我目光接触。

"凯伦,"我问她,"你什么时候变得这么聪明?"

"因为我有你这个老师呀。"

一会儿后,凯伦回家了。我发现太阳已西沉,时间也快七点了,但我的心情却很高亢,回家的步伐也轻快许多。我有把握,接下来,我的教书生涯会像倒吃甘蔗,渐入佳境。